Dr. Oetker

Fondue
und Raclette

Dr. Oetker

Fondue
und Raclette

Dr. Oetker Verlag

Vorwort

Fondue und Raclette –
Gemeinsam kochen und genießen

Was gibt es schöneres, als mit guten Freunden am Tisch zu sitzen, stundenlang zu reden und dabei leckeres Essen zu genießen?

Fondue und Raclette sind dafür die idealen Partner. Alles kann gut vorbereitet und individuell am Tisch zubereitet werden. Da kann man auch als Gastgeber den Abend richtig genießen — ohne viel Stress in der Küche.

Verführen Sie Ihre Gäste mal mit einem Orientalischen Fondue oder deftigen Wurst-Fondue. Die Kinder freuen sich auf das Schokoladen-Obst-Fondue. Außergewöhnlich ist das Pangasius-Raclette mit Provolone. Und an den letzten Frankreich-Urlaub erinnert das Ratatouille-Raclette.

Bei soviel Vielfalt ist bestimmt für jeden etwas dabei. Und die Einladung zum nächsten Fondue- oder Raclette-Essen lässt nicht lange auf sich warten.

Alle Rezepte sind wie immer nachgekocht und so beschrieben, dass sie Ihnen bestimmt gelingen.

Ratgeber

Für die Gastgeber sind Fondue und Raclette eine praktische Sache. Weil alles gut vorbereitet werden kann, und nicht während des Essens weitere Gänge angerichtet werden müssen. Bei Fondue und Raclette werden zu Beginn des Essens alle Zutaten auf oder neben dem Tisch bereitgestellt, inklusive aller Beilagen und Getränke.

Die Geräte

Das Wichtigste auf dem Fondue- oder Raclettetisch ist das Gerät in der Tischmitte, das der Art des Fondues oder Raclette entsprechend ausgewählt werden muss. Bei der Auswahl des Tisches sollte darauf geachtet werden, dass der Fonduetopf oder das Raclette bequem für alle Gäste erreichbar ist und alle Gäste genug Armfreiheit haben. Wenn mehr als 6 Personen mitessen, ist es empfehlenswert, zwei oder mehr Fonduetöpfe auf den Tisch zu stellen. (Vielleicht ist ein Gast so freundlich, sein Gerät mitzubringen.) Denn bei mehr als 6 Personen wird der Weg zum Gerät zu weit. Brühe oder Fett kühlen zu stark aus, wenn zu viel auf einmal darin gegart wird. Man kann auch zwei verschiedene Fondues servieren, z. B. ein Fettfondue und ein Brühenfondue und wird so verschiedenen Vorlieben gerecht. Fonduetopf, Saucen- und Dipschalen, Brot und Salat benötigen auf dem Tisch genügend Platz. Es kann notwendig sein, für die Getränke Beistelltische bereitzuhalten. Bei den Brennern sollten Sie sich an die Anweisungen des Herstellers halten, was insbesondere die Sicherheitshinweise beim Nachfüllen der Brenner betrifft. Besonders präzise lassen sich elektrische Geräte regeln. Die Töpfe müssen der Art des Fondues entsprechen. Zum Garen in siedendem Fett und in kochender Brühe eignen sich am besten hohe Töpfe, die sich nach oben hin verjüngen und eine enge Öffnung haben, damit es nicht spritzt. Die Töpfe für Käsefondues sind eine Art flache Keramik-Kasserolle mit einem langen Griff. Ebenso gut eignen sich andere flache Töpfe aus feuerfestem Material, deren Öffnung sich ein wenig verengt. Für süße Fondues hängt die Auswahl des Topfes von der Hitzequelle ab, da viele dieser Fondues nur heiß bleiben müssen. Dabei ist es wichtig, dass die Töpfe die Hitze auf dem Stövchen mit Kerze oder der Elektro-Warmhalteplatte gut halten. Darüber hinaus werden Essbesteck und Fonduegabeln benötigt. Fonduegabeln müssen bei Fettfondues einen Griff haben, der nicht heiß werden kann. Für kleine, weiche Zutaten, die von den Fonduegabeln rutschen würden, sind kleine Metallsiebchen oder -körbchen praktisch. Es gibt sie in Asialäden oder Haushaltswarengeschäften.

Zutaten und Zubereitung

Käsefondues

Für Käsefondues sind besonders abgelagerte Käsesorten geeignet, da sie nicht oder kaum noch Fäden ziehen. Schmelzfähig sind jedoch alle Käsesorten, probieren Sie ruhig auch andere als die angegeben Käsesorten aus. Käsefondues werden zunächst auf der Kochstelle in einem Topf mit dickem Boden bei mittlerer Hitze geschmolzen. Dabei sollten Sie die Masse immer in Form einer Acht durchrühren, damit sie nicht ansetzt.

Zum Eintauchen ins Käsefondue eignen sich außer Brot viele andere Zutaten und Zubereitungen, die köstlich schmecken, wenn sie kurz in die heiße Käsemasse getaucht werden. Brot sollten Sie so in mundgerechte Stücke schneiden, dass jedes Stück wenigstens an einer Seite noch knusprige Rinde hat, damit die Fonduegabel daran Halt findet.

Abkürzungen

EL	=	Esslöffel
TL	=	Teelöffel
Msp.	=	Messerspitze
Pck.	=	Packung / Päckchen
g	=	Gramm
kg	=	Kilogramm
ml	=	Milliliter
l	=	Liter
Min.	=	Minuten
Std.	=	Stunden
evtl.	=	eventuell
geh.	=	gehäuft
gestr.	=	gestrichen
TK	=	Tiefkühlprodukt
° C	=	Grad Celsius
Ø	=	Durchmesser
E	=	Eiweiß
F	=	Fett
Kh	=	Kohlenhydrate
kJ	=	Kilojoule
kcal	=	Kilokalorien

Hinweise zu den Rezepten

Die Rezepte sind – wenn nicht anders angegeben – für 4 Personen berechnet. Sie brau-
chen etwa 3 Rezepte pro Person zum Eintauchen plus Salate und Dips. Bei guten Essern
sollten Sie 4–5 verschiedene Gerichte zum
Eindippen vorbereiten. Die Käsefondues sind
eher knapp bemessen, da der Käse schnell
satt macht. Erhöhen Sie die Zutaten zum Eindippen oder servieren Sie zwei verschiedene
Käsefondues in 2 Töpfen.
Ähnlich können Sie die Mengen auch für größere Fonduerunden erhöhen. Lesen Sie bitte
vor der Zubereitung das Rezept einmal vollständig durch. Oft werden Arbeitsabläufe und
-zusammenhänge dann klarer.

Zubereitungszeiten

Die Zubereitungszeit beinhaltet nur die Zeit für
die eigentliche Zubereitung. Gar- und Back-
zeiten sind gesondert ausgewiesen. Längere
Wartezeiten, z. B. Kühl- und Auftauzeiten sind
nicht mit einbezogen.

Fondues aus dem Fettbad

Das wichtigste beim Frittieren ist die richtige Auswahl des Fettes. Besonders gut eignen sich
feste Pflanzenfette und -öle. Zum Frittieren sollten möglichst geschmacksneutrale Öle verwendet
werden, die sich gut erhitzen lassen, z. B. Erdnussöl. Feste weiße Pflanzenfette sind besonders
hitzestabil und geschmacksneutral, sie bestehen hauptsächlich aus Palmkern- oder Kokosfett.
Kalt gepresste Öle eignen sich nicht zum Frittieren, da die darin enthaltenen Fettsäuren sich
bei großer Hitze verändern. Butter und Margarine sind ebenfalls nicht geeignet, da sie Wasser
enthalten und deshalb spritzen.

Füllen Sie den Fonduetopf nur zur Hälfte mit Fett, damit es beim Hineingeben der Zutaten
nicht herausspritzt und sich evtl. an der Flamme im Rechaud entzündet. Erhitzen Sie das Fett
zunächst auf der Kochstelle auf etwa 180 °C und stellen Sie es erst dann auf den Rechaud.

Man sollte darauf achten, dass das Fett zum Frittieren heiß genug ist, damit der Frittiervorgang
nicht zu lange dauert und Fleisch und Gemüse sich nicht mit Fett vollsaugen. Die Fett-Tempe-
ratur ist optimal, wenn sich die Poren des Gargutes sofort schließen. Dann steigen rund um
das Gargut kleine Bläschen auf. Verwenden Sie das Fett nicht häufiger als dreimal. Lassen Sie
es nach jedem Gebrauch durch ein mit Küchen- oder Filterpapier ausgelegtes Sieb laufen, um
Verunreinigungen zu entfernen. Verbrauchtes Fett sollten Sie in ein gut verschließbares Gefäß
geben und in den Hausmüll oder zu einer Altölsammelstelle geben. Es gehört auf keinen Fall in
den Ausguss.

Fondues aus der Brühe

Die Brühe für Fondues sollte hochwertig und kräftig gewürzt sein, da die Brühe auch für den
Geschmack der Zutaten, die hineingetaucht werden, entscheidend ist. Es eignen sich Brühen
oder Fonds aus dem Glas oder selbst gemachte Brühen. Sie können mit Wein, Sherry, Reis-
wein oder Würzsaucen noch verfeinert werden.

Süße Fondues

Süße Fondues eignen sich als Partyspaß für große und kleine Kinder. Sie können sie aber
auch als geselliges Ende eines Essens vorbereiten. Bereiten Sie die Fonduemasse auf der
Kochstelle vor und halten Sie sie auf einer Wärmeplatte oder einem Stövchen warm.

Raclette

Das Raclette ist ein Käsegericht aus dem Schweizer Kanton Wallis. Früher wurden große
Käse-Laibe mit der Schnittfläche ins Feuer gehalten und die gebräunte Schicht mit einem Spe-
zial-Messer, dem Raclette, abgeschabt und auf Teller gegeben. Heute gibt es Raclette-Geräte,
mit denen man direkt am Tisch viele Zutaten mit Käse schmackhaft überbacken kann.

Wichtig:

Beachten Sie die Bedienungsanleitung und Sicherheitshinweise des Herstellers der Geräte, die
Sie verwenden!

Fondue bourgignonne

4 Portionen
Zubereitungszeit: etwa 25 Minuten
Pro Portion: E: 44 g, F: 11 g, Kh: 0 g, kJ: 1152, kcal: 274

Zutaten:

800 g	Rinderfilet oder Roastbeef
1 l	Speiseöl oder 1,5 kg Pflanzenfett
	Salz, Pfeffer

Zubereitung:

1. Rinderfilet oder Roastbeef unter fließendem kalten Wasser abspülen, trocken tupfen, enthäuten und in etwa 3 cm große Stücke schneiden. In Schälchen anrichten.

2. Speiseöl oder Pflanzenfett in einem Topf erhitzen, in einen Fondue-Topf gießen und auf einem Rechaud leicht köcheln lassen. Fleischstücke auf Fonduegabeln spießen, in dem Fett 2—3 Minuten garen und mit Salz und Pfeffer bestreuen.

Beilage: Weißbrot, Senffrüchte, Mixed Pickles, grüner Salat, Ketchup, Teufelssauce.

Teufelssauce

4 Portionen
Zubereitungszeit: etwa 25 Minuten
Pro Portion: E: 4 g, F: 11 g, Kh: 5 g, kJ: 586, kcal: 140

Zutaten:

2	hart gekochte Eier
1	Zwiebel
3 EL	Speiseöl
1 EL	mittelscharfer Senf
1 EL	Essig
	Salz, Pfeffer, Zucker
	Paprikapulver edelsüß
	Cayennepfeffer
1 TL	Estragonblättchen
½	Apfel
3 EL	Rotwein
1–2 TL	Tabasco
1 EL	Ketchup

Zubereitung:

1. Eier pellen und das Eigelb durch ein Sieb streichen. Zwiebel abziehen, fein würfeln.

2. Eigelb mit Zwiebelwürfeln, Speiseöl, Senf und Essig verrühren, mit Salz, Pfeffer, Zucker, Paprika und Cayennepfeffer würzen. Estragonblättchen unterrühren.

3. Apfel schälen, halbieren, entkernen und reiben. Geriebenen Apfel, Wein, Tabasco und Ketchup zur Sauce geben und unterrühren. Nochmals mit den Gewürzen abschmecken.

Hackfleisch-Feta-Fondue

6 Portionen
Zubereitungszeit: etwa 60 Minuten
Pro Portion: E: 29 g, F: 32 g, Kh: 16 g, kJ: 2010, kcal: 480

Zutaten:

650 g	Hackfleisch (vom Rind oder Schwein)
1 Bund	Lauchzwiebeln
2	Knoblauchzehen
100 g	Fetakäse
	Salz
	frisch gemahlener Pfeffer
	Pul Biber
1 TL	Kreuzkümmel
1	gelbe Paprikaschote
1	Limette
2 EL	Orangenmarmelade oder Honig
500 ml (½ l)	Kefir
100 g	Schlagsahne
100 g	Sahne-Schmelzkäse

Zubereitung:

1. Hackfleisch in eine Schüssel geben. Lauchzwiebeln putzen, waschen und in feine Ringe schneiden, eine Hälfte zu dem Hackfleisch geben. Knoblauchzehen abziehen, fein würfeln und ebenfalls zum Hackfleisch geben.

2. Fetakäse in kleine Würfel schneiden, Hackfleisch mit Salz, Pfeffer, Pul Biber und Kreuzkümmel würzen, Fetakäse untermischen und in kleine Bällchen (Ø etwa 2 cm) formen.

3. Paprika abspülen, trocken tupfen, vierteln, entkernen und die weißen Scheidewände entfernen. Schote in feine Würfel schneiden. Limette heiß abwaschen, trocken reiben, Schale abreiben, halbieren und eine Hälfte auspressen. Paprika mit restlichen Lauchzwiebeln (davon 1 EL beiseitelegen), Marmelade oder Honig, Limettenschale und Pul Biber verrühren. Mit Limettensaft abschmecken.

4. Kefir mit Sahne und Schmelzkäse in einem Fondue-Topf erhitzen. Das Paprika-Lauch-Gemisch (1 EL) hinzugeben. Die Hackfleischbällchen etwa 10 Minuten darin garen.

Beilage: Fladenbrot, Krautsalat, Spinatsalat, Zaziki und Paprika Dip.

Tipp: Kefir flockt beim Erhitzen aus, das sieht optisch nicht so gut aus, der Geschmack wird dadurch nicht beeinträchtigt, alternativ 250 g Crème fraîche und 250 ml (¼ l) Milch verwenden.

Spinatsalat

4 Portionen
Zubereitungszeit: etwa 25 Minuten
Pro Portion: E: 3 g, F: 8 g, Kh: 3 g, kJ: 394, kcal: 94

Zutaten:

150 g	Mungobohnensprossen
200 g	Spinat
200 g	Kirschtomaten
2 EL	Obstessig
1 EL	Balsamico-Essig
	Salz, Pfeffer, Zucker
3 EL	Speiseöl

Zubereitung:

1. Sprossen verlesen, waschen und gut trocken tupfen. Spinat verlesen, waschen und abtropfen lassen. Tomaten putzen, waschen und vierteln, dabei die Stängelansätze entfernen.

2. Obstessig und Balsamico-Essig mit Salz, Pfeffer und Zucker verrühren. Öl unterschlagen und mit den vorbereiteten Salatzutaten vermischen.

Orientalisches Fondue

6 Portionen
Zubereitungszeit: etwa 30 Minuten
Pro Portion: E: 41 g, F: 18 g, Kh: 0 g, kJ: 1358, kcal: 324

Zutaten:

600 g	ausgelöster Lammrücken (Lammlachs)
3	Knoblauchzehen
	Pul Biber
	frisch gemahlener Pfeffer
	Salz
600 g	Hähnchenbrustfilet
	Curry
1 l	Olivenöl

Zubereitung:

1. Lammrücken kalt abspülen, trocken tupfen und in etwa 2 cm große Stücke schneiden. Knoblauch abziehen und in kleine Würfel schneiden. Lammstücke mit Knoblauch, Pul Biber, Pfeffer und Salz würzen.

2. Hähnchenbrust kalt abspülen, trocken tupfen, von Fett und Sehnen befreien und ebenfalls in 2 cm große Stücke schneiden. Hähnchenstücke mit Curry würzen.

3. Öl in einem Fondue-Topf auf 150–160 °C erhitzen, Fleischstücke auf eine Fonduegabel stecken und im heißen Fett 4–5 Minuten garen.

Beilage: Oliven, Fetakäse in Würfel geschnitten, Sesam-Paste, Erdnuss-Sauce, Mango-Chutney, Kichererbsen- oder Bulgursalat und frisches Fladenbrot.

Erdnuss-Sauce

4 Portionen
Zubereitungszeit: etwa 15 Minuten, ohne Abkühlzeit
Pro Portion: E: 11 g, F: 20 g, Kh: 5 g, kJ: 1008, kcal: 241

Zutaten:

150 ml	Hühnerbrühe
60 g	geröstete Erdnusskerne
2	rote Chilischoten
100 g	Erdnussbutter
1 EL	Weißweinessig

Zubereitung:

1. Hühnerbrühe in einem Topf erhitzen. Erdnusskerne grob hacken. Chilischoten längs halbieren, entkernen, abspülen und trocken tupfen. Chilischoten in kleine Würfel schneiden.

2. Erdnussbutter in der Hühnerbrühe schmelzen lassen und glatt rühren. Weißweinessig, Erdnusskerne und Chiliwürfel hinzufügen und unterrühren. Erdnuss-Sauce erkalten lassen.

Lamm-Fondue

4 Portionen
Zubereitungszeit: etwa 10 Minuten
Pro Portion: E: 36 g, F: 30 g, Kh: 0 g, kJ: 1730, kcal: 413

Zutaten:

800 g	ausgelöster Lammrücken (Lammlachs)
1 l	Speiseöl oder
1 kg	Kokosfett
	Salz
	schwarzer Pfeffer

Zubereitung:

1. Lamm kalt abspülen, trocken tupfen und von Haut und Sehnen befreien. Das Fleisch in etwa 2 cm große Stücke schneiden und in Schälchen anrichten.

2. Speiseöl oder Kokosfett in einem Fondue-Topf erhitzen, auf dem Rechaud köcheln lassen.

3. Das Fleisch auf Fonduegabeln spießen, in dem Fett garen lassen und mit Salz und Pfeffer bestreuen.

Beilage: Weißbrot, bestrichen mit Knoblauchbutter, Mixed Pickles.

Süß-saure Tomatensalsa

4 Portionen
Zubereitungszeit: etwa 20 Minuten
Pro Portion: E: 1 g, F: 4 g, Kh: 6 g, kJ: 282, kcal: 67

Zutaten:

je ½	kleine rote, gelbe und grüne Paprikaschote (etwa 300 g)
1½ EL	Olivenöl
10 g	Zucker
½ Pck. (150 g)	Tomatenwürfel im eigenen Saft (Fertigprodukt)
1 EL	Weißweinessig
	Salz
	frisch gemahlener Pfeffer
	Knoblauchpulver

Zubereitung:

1. Paprikaschoten entstielen, entkernen und die weißen Scheidewände entfernen. Schoten waschen, abtropfen lassen und fein würfeln.

2. Olivenöl in einer Pfanne erhitzen und Paprikawürfel darin anbraten, mit Zucker bestreuen und bei schwacher Hitze karamellisieren lassen, dabei ab und zu umrühren. Tomatenwürfel mit dem Saft und Essig hinzugeben, etwa 8 Minuten leicht kochen lassen und mit Salz, Pfeffer und Knoblauch würzen.

Wurst-Fondue

8 Portionen
Zubereitungszeit: etwa 60 Minuten
Pro Portion: E: 24 g, F: 56 g, Kh: 17 g, kJ: 2781, kcal: 664

Zutaten:

Für das Zwiebelkonfit:

200 g	rote Zwiebeln
2 EL	brauner Zucker
75 ml	Rotweinessig
50 ml	Hühnerbrühe
2 EL	rotes Johannisbeergelee
	Salz
	frisch gemahlener Pfeffer

Für den Joghurt-Senf-Dip:

200 g	Naturjoghurt (3,5 %)
2 EL	mittelscharfer Senf
2 EL	Honig

Für den Paprika-Dip:

1	rote Paprikaschote
1	Zwiebel
120 g	Mayonnaise
1 Bund	Petersilie

1200 g	Wurst, z. B. Nürnberger, Debreziner, Käsebratwurst, Wiener Würstchen, Weißwurst
750 ml (¾ l)	Rapsöl

Zubereitung:

1. Für das Zwiebelkonfit rote Zwiebeln abziehen und in Würfel schneiden. In einem Topf Zucker karamellisieren und mit Rotweinessig und Hühnerbrühe ablöschen. Zwiebeln zugeben und etwa 20 Minuten köcheln lassen, mit Johannisbeergelee verrühren und mit Salz und Pfeffer würzen.

2. Für den Joghurt-Senf-Dip Joghurt, Senf und Honig verrühren. Für den Paprika-Dip Paprika vierteln, entstielen, entkernen und die weißen Scheidewände entfernen. Schote abspülen, abtropfen lassen und in feine Würfel schneiden. Zwiebel abziehen und fein würfeln. Paprika und Zwiebeln mit der Mayonnaise verrühren und mit Salz und Pfeffer würzen. Petersilie abspülen, trocken tupfen, Blättchen von den Stängeln zupfen und fein schneiden. Petersilie unter den Paprika-Dip rühren.

3. Wurst in etwa 3 cm lange Stücke schneiden. Öl in einem Fondue-Topf erhitzen und die Wurst darin braten. Mit Joghurt-Senf-Dip, Paprika-Dip und rotem Zwiebelkonfit servieren.

Beilage: Partybrötchen.

Schweinefleisch-Fondue

4 Portionen
Zubereitungszeit: etwa 20 Minuten
Pro Portion: E: 36 g, F: 8 g, Kh: 6 g, kJ: 998, kcal: 238

Zutaten:

600 g	Schweinefilet
1–2	kleine Zucchini
3	kleine Paprikaschcten (rot, grün, gelb)
1 Stange	Porree
1 l	Speiseöl oder 1 kg Kokosfett
	Salz frisch gemahlener Pfeffer

Zubereitung:

1. Das Filet unter fließendem kalten Wasser abspülen, trocken tupfen, evtl. enthäuten und in 1–2 cm dicke Scheiben oder in 2 cm große Würfel schneiden. Das Fleisch in Schälchen anrichten.

2. Zucchini waschen, abtrocknen und die Enden abschneiden. Zucchini in Scheiben schneiden. Paprika halbieren, entstielen, entkernen und die weißen Scheidewände entfernen. Vom Porree die äußeren Blätter entfernen und Wurzeln und dunkles Grün abschneiden. Paprika und Porree waschen, abtropfen lassen und Paprika in Stücke und Porree in 3 cm lange Stücke schneiden. Das Gemüse in Schälchen anrichten.

3. Öl oder Kokosfett in einem Fondue-Topf erhitzen und auf dem Rechaud köcheln lassen.

4. Das Gemüse abwechselnd mit dem Fleisch auf Fonduegabeln spießen, in dem Fett garen und mit Salz und Pfeffer bestreuen.

Beilage: Weißbrot, Schaschliksauce, Orangen-Pfirsich-Sauce, süß-scharfe Chilisauce, Kräuterquark.

Orangen-Pfirsich-Sauce

4 Portionen
Zubereitungszeit: etwa 15 Minuten
Pro Portion: E: 1 g, F: 10 g, Kh: 30 g, kJ: 907, kcal: 217

Zutaten:

2	Orangen (je etwa 140 g)
2	rote Chilischoten
150 g	Pfirsichkonfitüre
2 EL	Weißweinessig
4 EL	Speiseöl Salz frisch gemahlener Pfeffer

Zubereitung:

1. Orangen mit einem Messer so schälen, dass die weiße Haut mit entfernt wird. Orangenfilets herausschneiden und in etwa 1 cm große Würfel schneiden. Chilischoten längs halbieren, entkernen, abspülen und trocken tupfen. Chilischoten in kleine Würfel schneiden.

2. Konfitüre mit Essig und Speiseöl in einer Schüssel verrühren. Orangen- und Chiliwürfel unterheben und mit Salz und Pfeffer abschmecken.

Geflügelfondue

4 Portionen
Zubereitungszeit: etwa 20 Minuten
Pro Portion: E: 72 g, F: 23 g, Kh: 3 g, kJ: 2307, kcal: 552

Zutaten:

1 gestr. EL	Korianderkörner
1 l	Geflügelfond oder -brühe
	Schale von
1	Bio-Zitrone (unbehandelt)
1	Entenbrustfilet (etwa 350 g)
300 g	Putenbrustfilet
500 g	Hähnchenbrustfilet
	Salz
	frisch gemahlener Pfeffer

Zubereitung:

1. Koriander in einen Teefilter geben. Brühe und 250 ml (¼ l) Wasser mit Koriander und Zitronenschale im geschlossenen Topf etwa 10 Minuten kochen.

2. Alle Fleischsorten unter kaltem Wasser abspülen und trocken tupfen. Entenbrust häuten, die Sehnen entfernen und das Fleisch in dünne Scheiben schneiden. Hähnchenbrust in Scheiben und Putenbrust in Würfel schneiden.

3. Koriander und Zitronenschale aus der Brühe nehmen und die Brühe mit Salz und Pfeffer würzen. Vorbereitetes Geflügelfleisch auf Fonduegabeln stecken, in der siedenden Brühe garen.

4. Nachdem das Fleisch gegart wurde, die Brühe durch ein Sieb gießen, nachwürzen und servieren.

Beilagen: Zwiebelbaguettes, Nudelsalat mit Sesam, süß-saurer Salat, Rote-Linsen-Salat, 200 g gelbe Paprikaringe und 200 g Tomatenscheiben.

Saucen: Erdnuss-Sauce, süß-saure Mangosauce und Puten-Tunfisch-Sauce.

Puten-Tunfisch-Sauce

4 Portionen
Zubereitungszeit: etwa 20 Minuten
Pro Portion: E: 19 g, F: 19 g, Kh: 2 g, kJ: 1075, kcal: 257

Zutaten:

150 g	Putenschnitzel
2 EL	Speiseöl
1	Zwiebel
1 Dose	Tunfisch, naturell (150 g)
100 g	Schlagsahne
2 EL	Erbsen (aus der Dose)
1 EL	gehackte Pimpinelleblättchen
2 EL	gehackte Petersilie
1 EL	Zitronensaft
	Pfeffer

Zubereitung:

1. Putenschnitzel unter fließendem kalten Wasser abspülen, trocken tupfen und in feine Würfel schneiden. Speiseöl erhitzen und die Putenwürfel darin anbraten. Zwiebel abziehen, in Ringe schneiden und etwa 5 Minuten mit dem Putenfleisch schmoren lassen.

2. Tunfisch abtropfen lassen, Sud auffangen, mit Sahne zu dem Putenfleisch gießen und weitere 5 Minuten schmoren lassen. Den Tunfisch hinzugeben, nochmals aufkochen lassen und das Tunfisch-Fleisch mit einer Gabel zerdrücken.

3. Erbsen, Pimpinelleblättchen, Petersilie und Zitronensaft zugeben, mit Pfeffer abschmecken.

Thai Fondue

4–6 Portionen
Zubereitungszeit: etwa 30 Minuten
Pro Portion: E: 36 g, F: 15 g, Kh: 5 g, kJ: 1281, kcal: 309

Zutaten:

400 g	Hähnchenbrustfilet
40 g	Ingwer
3	Knoblauchzehen
	Currypulver
	Chilipulver
200 g	Dorsch oder Viktoria-barsch
200 g	Garnelen, geschält, roh mariniert
1 Dose	Kokosmilch (400 ml)
200 ml	Hühnerbrühe
1 EL	Zitronengras-Paste (aus dem Glas, 110 g)
	Sambal Sauce

Zubereitung:

1. Hähnchenbrust unter fließendem kalten Wasser abspülen, trocken tupfen und in etwa 2 cm große Stücke schneiden. Ingwer schälen und in kleine Würfel schneiden, etwa die Hälfte zu den Hähnchenstücken geben. Knoblauch abziehen und fein würfeln. Hähnchenfleisch mit Knoblauch, Curry und Chili würzen und etwa 2 Stunden ruhen lassen.

2. Den Fisch ebenfalls in 2 cm große Stücke schneiden. Die aufgetauten Garnelen mit dem Fisch und dem Hähnchen auf einer Platte anrichten.

3. Kokosmilch mit Hühnerbrühe in einem Fondue-Topf erhitzen, mit restlichem Ingwer und Zitronengras-Paste würzen. Hähnchen-, Fischstücke und Garnelen darin garen. Mit Duftreis servieren, dabei etwas von dem Kokosfond über den Reis geben. Sambal Sauce extra dazureichen.

Beilage: Grüner Meerrettich (Wasabi), süß-saurer Salat.

Tipp: Aus dem restlichen Kokosfond am nächsten Tag ein Fisch-, Fleisch- oder Garnelenessen machen, nach Geschmack den Fond leicht binden.

Süß-saurer Salat

4 Portionen
Zubereitungszeit: etwa 25 Minuten, ohne Marinierzeit
Pro Portion: E: 1 g, F: 5 g, Kh: 15 g, kJ: 471, kcal: 112

Zutaten:

250 g	Möhren
2 EL	Speiseöl
	Salz
½	Salatgurke (etwa 250 g)
1 Glas	eingelegter Kürbis (Abtropfgewicht 200 g)
1 Bund	Pfefferminze
2–3 EL	Obstessig
	frisch gemahlener Pfeffer
1–2 TL	Zucker

Zubereitung:

1. Möhren putzen, schälen, waschen, abtropfen lassen und würfeln. Öl erhitzen und Möhrenwürfel 5 Minuten darin dünsten. Möhren salzen und abkühlen lassen.

2. Gurke waschen, der Länge nach halbieren und mit einem Löffel entkernen. Hälften in Würfel schneiden. Kürbis auf einem Sieb abtropfen lassen und klein schneiden. Minze abspülen und trocken schütteln. Die Blätter von den Stängeln zupfen, einige beiseitelegen und den Rest hacken.

3. Gurkenwürfel, Kürbis, Minze und Essig zu den Möhren geben. Mit Salz, Pfeffer und Zucker würzen und mindestens 1 Stunde durchziehen lassen.

4. Den Salat vor dem Servieren abschmecken und mit der beiseitegelegten Minze garnieren.

Tempura-Fondue

4 Portionen
Zubereitungszeit: etwa 20 Minuten, ohne Marinierzeit
Pro Portion: E: 25 g, F: 18 g, Kh: 18 g, kJ: 1396, kcal: 334

Zutaten:

Für marinierte Hähnchen-brustwürfel:

1	Orange (unbehandelt)
1 EL	Sojasauce
250 g	Hähnchenbrustfilet

Für Fischröllchen:

3	Schollenfilets (ohne Haut, je 50 g)
100 g	Salatgurke
3 Zweige	Dill
1 EL	Sojasauce

Für den Tempurateig:

1	Ei (Größe M)
200 g	Weizenmehl
1 Prise	Backin
1 l	Sonnenblumenöl
1–2 EL	Sesamöl

Zubereitung:

1. Für die Hähnchenbrustwürfel Orange heiß abwaschen, trocken reiben und ¼ der Schale dünn abreiben, mit der Sojasauce verrühren.

2. Hähnchenbrust kalt abspülen, trocken tupfen und in etwa 2 cm große Würfel schneiden. Mit der Sauce mischen, kühl stellen und mindestens 2 Stunden marinieren.

3. Für Fischröllchen Schollenfilets der Länge nach halbieren und jede Hälfte in der Mitte quer durchschneiden. Gurke schälen, der Länge nach halbieren, entkernen und in 12 etwa 3 cm lange Stifte schneiden. Dill abspülen und trocken schütteln.

4. Fischstücke nebeneinander legen, mit Sojasauce bestreichen und mit etwas Dill belegen. An ein Ende jeweils ein Stück Gurke legen. Fischstücke aufrollen und mit einem Holzstäbchen feststecken.

5. Für den Teig Ei und 270—300 ml sehr kaltes Wasser verrühren. Mehl und Backpulver mischen. Wasser-Ei-Gemisch nach und nach unterrühren. (Den Teig möglichst erst kurz vor dem Gebrauch anrühren, da er dann beim Frittieren knuspriger wird.)

6. Sonnenblumenöl in einem Fondue-Topf auf etwa 170 °C erhitzen. Sesamöl dazugeben. Hähnchenbrust abtropfen lassen. Fischröllchen und Hähnchenbrust auf Fonduegabeln spießen, in Tempurateig tauchen und im heißen Öl frittieren.

Tipp: Mit Mangosauce servieren.

Mangosauce

4 Portionen
Zubereitungszeit: etwa 20 Minuten, ohne Abkühlzeit
Pro Portion: E: 1 g, F: 1 g, Kh: 36 g, kJ: 660, kcal: 159

Zutaten:

2	reife Mangos
½–1	grüne Chilischote
70 g	Zucker
150 ml	Wasser
1–2 TL	Obstessig
	Salz, Zucker

Zubereitung:

1. Mangos schälen, das Fruchtfleisch vom Stein schneiden und würfeln. Chilischote längs halbieren, entkernen, abspülen und fein würfeln.

2. Zucker in einem Topf goldbraun karamellisieren lassen. Mango, Chiliwürfel und Wasser dazugeben und zugedeckt 10 Minuten kochen lassen. Sauce mit Essig, Salz und Zucker abschmecken und abkühlen lassen.

Meeresfrüchte-Fondue

4 Portionen
Zubereitungszeit: etwa 55 Minuten
Pro Portion: E: 60 g, F: 14 g, Kh: 8 g, kJ: 2000, kcal: 479

Zutaten:

1–1 ¼ kg	küchenfertige Fische und Meeresfrüchte, z. B. Filets von festfleischigen Seefischen (Rotbarsch, Schellfisch, Scholle, Heilbutt, Lachs) oder Süßwasserfischen (Forelle, Lachsforelle), rohe Garnelen, Miesmuscheln Weißwein
1	Bio-Zitrone (unbehandelt)
1	Zwiebel
60 g	Petersilie
1	große Möhre
1 Stange	Porree (Lauch)
1¼ l	Hühnerbrühe
250 ml (¼ l)	Weißwein
1	Lorbeerblatt
10	Pfefferkörner
1 Stängel	Thymian
	Salz

Zubereitung:

1. Fischstücke unter fließendem kalten Wasser abspülen, trocken tupfen und in etwa 2 cm große Stücke schneiden. Garnelen schälen und die Därme entfernen.

2. Miesmuscheln abspülen, in einem geschlossenen Topf in Weißwein etwa 5 Minuten dünsten, bis die Schalen sich öffnen. Muscheln, die sich nicht öffnen, sind nicht genießbar. Muschelfleisch aus dem Schalen nehmen, Fischstücke und Meeresfrüchte auf einer Platte anrichten.

3. Zitrone heiß abwaschen, trocken reiben, die Schale abreiben, Zitrone halbieren und auspressen. Zwiebel abziehen und würfeln. Petersilie abspülen. Möhre putzen, schälen, waschen und in Scheiben schneiden. Porree putzen, längs halbieren, waschen und in Scheiben schneiden.

4. Alle Zutaten mit Hühnerbrühe und Weißwein verrühren. Lorbeerblatt, Pfefferkörner, Thymian und Salz hinzufügen, zum Kochen bringen und etwa 30 Minuten köcheln lassen. Die Brühe durch ein Sieb in einen Fondue-Topf gießen, auf dem Herd zum Kochen bringen und auf dem Rechaud köcheln lassen. Fischstücke und Meeresfrüchte auf Fonduegabeln spießen oder in Fonduesiebe geben und nur kurz garen lassen.

Beilage: Chilisauce, Weißbrot, Kräcker, angebratene Porreestücke.

Chinesische süße Chilisauce

4 Portionen
Zubereitungszeit: etwa 35 Minuten
Pro Portion: E: 2 g, F: 3 g, Kh: 28 g, kJ: 944, kcal: 226

Zutaten:

je ½	rote, gelbe und grüne Paprikaschote (300 g)
1 EL	Speiseöl
250 ml (¼ l)	süße Chilisauce
100 ml	Sweet & Sour Sauce
	Pfeffer
2 EL	Sojasauce

Zubereitung:

1. Paprikaschoten entstielen, entkernen und die weißen Scheidewände entfernen. Schoten waschen, abtropfen lassen und in dünne Streifen schneiden.

2. Öl in einem Topf erhitzen und Paprikastreifen darin andünsten. Chilisauce und Sweet & Sour Sauce hinzugeben und etwa 5 Minuten unter Rühren leicht einkochen lassen. Mit Pfeffer und Sojasauce pikant würzen.

Zander-Fondue

4 Portionen
Zubereitungszeit: etwa 60 Minuten
Pro Portion: E: 35 g, F: 14 g, Kh: 19 g, kJ: 1438, kcal: 345

Zutaten:

600 g	Mangold
600 g	Zander- oder Marlinfilet
	Salz
	frisch gemahlener Pfeffer
60 g	getrocknete Tomaten
2	Lauchzwiebeln
200 g	Hollandaise (aus dem Tetra Pak)
1 El	Honig
1 El	Dijon Senf
400 ml	Fischfond (aus dem Glas)

Zubereitung:

1. Vom Mangold die Stiele abschneiden und anderweitig verwenden. Die Blätter abspülen, eine Minute in kochendem Wasser blanchieren, kalt abschrecken und abtropfen lassen.

2. Zander- oder Marlinfilet unter fließendem kalten Wasser abspülen, abtropfen lassen, trocken tupfen und in 10 Stücke schneiden. Mangoldblätter auslegen, Fischstücke darauf legen und mit Salz und Pfeffer würzen. Zander oder Marlin mit je einer getrockneten Tomate belegen, Mangold vom Stielende her aufrollen und die Röllchen evtl. mit einem Zahnstocher befestigen.

3. Lauchzwiebeln putzen, abspülen, abtropfen lassen und in feine Röllchen schneiden. Hollandaise mit Honig, Senf und Lauchzwiebelröllchen vermischen. Restliche getrocknete Tomaten fein zerschneiden und unter die Sauce geben.

4. Fischfond in einem Fondue-Topf erhitzen und die Fischröllchen etwa 5 Minuten darin garen. Fischröllchen mit Sauce servieren.

Beilage: Gurkensalat, Petersilienkartoffeln, Baguette oder Kräuter-Ciabatta.

Tipp: Fischröllchen und Sauce schon ein paar Stunden vorher zubereiten und abgedeckt im Kühlschrank ruhen lassen.

Gurkensalat

4 Portionen
Zubereitungszeit: etwa 20 Minuten, ohne Durchziehzeit
Pro Portion: E: 1 g, F: 6 g, Kh: 4 g, kJ: 310, kcal: 74

Zutaten:

2	mittelgroße Salatgurken (je 400 g)
½ Bund	Dill
2 EL	Weißweinessig
	Salz
	frisch gemahlener Pfeffer
1–2 TL	Zucker
3 EL	Speiseöl

Zubereitung:

1. Gurken abspülen und die Enden abschneiden. Gurken in dünne Scheiben schneiden oder auf einer Haushaltsreibe hobeln.

2. Dill abspülen und trocken tupfen. Dill in kleine Zweige zupfen und hacken.

3. Essig mit Salz, Pfeffer und Zucker verrühren. Speiseöl unterschlagen und Dill unterrühren.

4. Die Gurkenscheiben in eine Schüssel geben und mit der Sauce gut vermengen. 15 Minuten durchziehen lassen. Den Salat nochmals mit Salz und Pfeffer abschmecken.

Pilz-Fondue

6 Portionen
Zubereitungszeit: etwa 50 Minuten
Pro Portion: E: 18 g, F: 38 g, Kh: 6 g, kJ: 1835, kcal: 442

Zutaten:

1200 g	Pilze, z. B. Champignons, Pfifferlinge, Maronen, Steinpilze, Austernpilze

Für den Zwiebel-Dip:

300 g	Zwiebeln
1	Knoblauchzehe
3 EL	Olivenöl
80 g	Schinkenwürfel
125 ml (⅛ l)	Hühnerbrühe
150 g	Crème fraîche
	Salz, Pfeffer

Für den Gorgonzola-Dip:

150 g	Gorgonzola
125 g	Frischkäse
2 EL	gehackte Petersilie
500 ml (½ l)	Gemüsebrühe
200 g	Schlagsahne

Zubereitung:

1. Pilze putzen, evtl. abpinseln oder mit einem feuchten Küchenpapier abreiben und, je nach Größe, die Pilze halbieren oder vierteln.

2. Für den Zwiebel-Dip Zwiebeln und Knoblauch abziehen und in Würfel schneiden. Olivenöl in einem Topf erhitzen und Zwiebel- und Knoblauchwürfel darin andünsten. Schinkenwürfel unterrühren, Hühnerbrühe und Crème fraîche zugeben und etwa 20 Minuten köcheln lassen, mit Salz und Pfeffer würzen und mit einem Mixstab leicht pürieren.

3. Für den Gorgonzola-Dip Gorgonzola in einem Topf leicht erwärmen, dabei cremig rühren und mit Frischkäse und Petersilie verrühren.

4. Gemüsebrühe und Sahne in einem Fondue-Topf erhitzen. Verschiedene Pilzstücke aufspießen und etwa 10 Minuten darin garen, mit Zwiebel-Dip und Gorgonzola-Dip servieren.

Beilage: Möhren-Apfel-Salat, frisches Bauernbrot.

Tipp: Die Pilze in 750 ml (¾ l) Olivenöl garen.

Möhren-Apfel-Salat

4–6 Portionen
Zubereitungszeit: etwa 25 Minuten
Pro Portion: E: 1 g, F: 3 g, Kh: 18 g, kJ: 444, kcal: 106

Zutaten:

3–4 EL	Zitronensaft
1 Prise	Salz
2–3 TL	Zucker
1 EL	Sonnenblumenöl
750 g	Möhren
500 g	Äpfel, z. B. Cox Orange

Zubereitung:

1. Zitronensaft mit Salz und Zucker verrühren. Öl hinzufügen und unterrühren.

2. Möhren putzen, schälen, abspülen und abtropfen lassen. Äpfel abspülen und abtrocknen oder schälen, vierteln und entkernen. Beide Zutaten auf einer Haushaltsreibe grob raspeln.

3. Möhren und Äpfel mit der Sauce in einer Schüssel vermengen. Den Salat nach Belieben nochmals mit Zucker abschmecken und kurz durchziehen lassen.

Kartoffel-Fondue

6 Portionen
Zubereitungszeit: etwa 45 Minuten
Pro Portion: E: 17 g, F: 43 g, Kh: 34 g, kJ: 2524, kcal: 603

Zutaten:

1200 g	Erstlinge (kleine Frühkartoffeln) Salz

Für die Dill-Butter:
150 g	weiche Butter
	Salz
1 Bund	Dill

Für den Frischkäse-Dip:
200 g	Frischkäse
	Salz
	frisch gemahlener Pfeffer
1 Bund	glatte Petersilie
1 Bund	Schnittlauch

Für den Rote-Bete-Quark:
200 g	Rote Bete (aus dem Glas oder vakuumverpackt)
2	Matjesfilet
1	Zwiebel
200 g	Speisequark (20 % Fett)
	Zucker

750 ml (¾ l) Olivenöl

Zubereitung:

1. Kartoffeln waschen, mit Wasser bedeckt aufkochen lassen, salzen und etwa 18 Minuten kochen, abgießen.

2. Für die Dill-Butter Butter mit etwas Salz cremig rühren. Dill abspülen, trocken tupfen, abzupfen und fein schneiden, unter die Butter rühren.

3. Für den Frischkäse-Dip Frischkäse cremig rühren und mit Salz und Pfeffer würzen. Petersilie und Schnittlauch abspülen und trocken tupfen oder schütteln. Petersilienblättchen von den Stängeln zupfen und fein hacken. Schnittlauch fein schneiden, beides unter den Frischkäse rühren.

4. Für den Rote-Bete-Quark Rote Bete und Matjesfilet in feine Würfel schneiden. Zwiebel abziehen und fein würfeln. Quark mit Roter Bete, Matjes und Zwiebelwürfeln vermischen, mit Salz, Zucker und Pfeffer würzen.

5. Olivenöl in einem Fondue-Topf auf 150–160 °C erhitzen, die Kartoffeln darin erhitzen und mit den Beilagen servieren.

Tipp: Grobes Meersalz dazureichen.
Sie können auch einige Kartoffeln ungekocht lassen, diese in heißem Öl etwa 12 Minuten garen, oder größere Kartoffeln vierteln und ungekocht ebenfalls etwa 12 Minuten garen.

Gemüsefondue mit Wasserkastanien

4 Portionen
Zubereitungszeit: etwa 40 Minuten, ohne Auftauzeit
Pro Portion: E: 15 g, F: 5 g, Kh: 66 g, kJ: 1632, kcal: 389

Zutaten:

200 g	Staudensellerie
200 g	Möhren
200 g	Zuckerschoten
etwa 200 g	Bambussprossen (aus dem Glas)
200 g	Sojakeimlinge
200 g	TK-Erbsen
200 g	Tofu
465 g	Wasserkastanien (aus der Dose)
1½ l	Gemüsebrühe
4 EL	Sherry

Zubereitung:

1. Sellerie putzen, waschen, die harten Außenfäden abziehen und Sellerie in dünne Scheiben schneiden. Möhren putzen, waschen, schälen und in dünne Streifen schneiden. Zuckerschoten waschen, abtropfen lassen und die Enden abschneiden.

2. Bambussprossen auf einem Sieb abtropfen lassen, evtl. klein schneiden. Sojakeimlinge verlesen, waschen und abtropfen lassen. Erbsen auftauen lassen. Tofu abtropfen lassen. Kastanien abtropfen lassen.

3. Brühe in einem Fonduetopf erhitzen. Sherry hinzufügen, das Gemüse gemischt in ein kleines Sieb geben, in die Brühe halten und garen lassen.

Beilage: Körnig gekochter Reis, Mangosauce, Erdnuss-Sauce, scharfe Chinasauce.

Scharfe Chinasauce

4 Portionen
Zubereitungszeit: etwa 15 Minuten
Pro Portion: E: 2 g, F: 10 g, Kh: 4 g, kJ: 496, kcal: 118

Zutaten:

½ kleine Stange	Porree
10 g	frischer Ingwer
1	kleine Knoblauchzehe
25 g	Sesampaste
1 EL	Sojasauce
1 EL	Essig
1 TL	Zucker
3 EL	Sesamöl
3 EL	Hühnerbrühe
2 Msp.	Sambal Oelek
2 EL	Chilisauce

Zubereitung:

1. Porree putzen, waschen und in feine Streifen schneiden. 1 Teelöffel davon beiseitestellen. Ingwer schälen und sehr fein würfeln. Knoblauch abziehen und durch die Knoblauchpresse geben.

2. Die Zutaten mit Sesampaste, Sojasauce, Essig, Zucker, Öl, Brühe, Sambal Oelek und Chilisauce verrühren und mit den Porreestreifen bestreuen.

Tipp: Sesampaste gibt es in Asia- oder Bioläden.

Vegetarisches Fondue

6 Portionen
Zubereitungszeit: etwa 30 Minuten
Pro Portion: E: 12 g, F: 17 g, Kh: 14 g, kJ: 1091, kcal: 263

Zutaten:

1200 g	Gemüse, z. B. Blumen-kohl, Fenchel, Möhren, Lauchzwiebeln, Spargel, Mangold, Kohlrabi
2 Bund	Kräuter, z. B. Petersilie, Bärlauch, Schnittlauch
250 g	Hollandaise (Tetra Pak)
325 g	Tofu
1 l	Gemüsebrühe
1 Glas	Paprika-Creme (330 g)

Zubereitung:

1. Gemüse putzen, schälen, waschen und in mundgerechte Stücke zerteilen, in kochendem Wasser 1–2 Minuten blanchieren.

2. Kräuter abspülen, trocken tupfen, Blättchen von den Stängeln zupfen und fein hacken. Schnittlauch in Röllchen schneiden. Hollandaise erwärmen und mit gehackten Kräutern vermischen. Tofu in etwa 2 cm große Stücke schneiden.

3. Gemüsebrühe in einem Fondue-Topf erhitzen. Tofu und Gemüsestücke nach und nach darin garen, dazu Hollandaise, Paprika-Creme und frisches Baguette reichen.

Tipp: An Saucen passen noch Aprikosensauce mit Curry, Tomaten-Dip, Frischkäse-Dip, Zwiebelkonfit usw.

Aprikosensauce mit Curry

4 Portionen
Zubereitungszeit: 5 Minuten
Pro Portion: E: 1 g, F: 21 g, Kh: 18 g, kJ: 1077, kcal: 257

Zutaten:

100 g	Aprikosenkonfitüre
100 g	Mayonnaise
1–2 TL	Currypulver

Zubereitung:

1. Die Aprikosenkonfitüre glatt rühren. Mit Mayonnaise verrühren und mit Curry würzen.

Fondue Halloumi

6 Portionen
Zubereitungszeit: etwa 60 Minuten
Pro Portion: E: 35 g, F: 53 g, Kh: 45 g, kJ: 3383, kcal: 808

Zutaten:

Für den Avocado-Dip:

1	Avocado
	Saft von
1–2	Limetten
1	kleine Zwiebel
2	Knoblauchzehen
150 g	Tomaten
1 Bund	glatte Petersilie
	Salz
	frisch gemahlener Pfeffer

Für den Chili-Dip:

150 g	Ketchup
3 EL	Sambal Sauce
1	Zwiebel

Für Käsewaffeln:

220 g	Mehl, Type 550
40 g	Haferflocken
200 ml	lauwarme Milch
20 g	Hefe
3	Eier (Größe M)
70 g	zerlassene Butter
1 TL	Zucker
	Salz
1 Bund	Schnittlauch
120 g	geriebener Gouda

500 g	Halloumi
1	gelbe Paprikaschote
3	rote Zwiebeln (etwa 150 g)
1 l	Olivenöl

Zubereitung:

1. Für den Avocado-Dip die Avocado halbieren, den Kern entfernen und das Fruchtfleisch mit einem Löffel aus der Schale lösen. Fruchtfleisch in kleine Würfel schneiden und mit Limettensaft beträufeln. Zwiebel und Knoblauch abziehen und in feine Würfel schneiden, Tomaten waschen, die Stängelansätze entfernen und Tomaten in Würfel schneiden. Alles mit den Avocadowürfeln vermischen. Petersilie waschen, trocken schleudern, Blättchen fein schneiden und unter den Avocado-Dip rühren, mit Salz und Pfeffer würzen.

2. Für den Chili-Dip Ketchup mit Sambal Sauce verrühren. Zwiebel abziehen, in feine Würfel schneiden und unter den Dip heben.

3. Für Käsewaffeln Mehl in eine Rührschüssel sieben, Haferflocken dazugeben. Milch und Hefe verrühren, 5—10 Minuten stehen lassen, dann unter die Mehl-Haferflockenmischung rühren. Eier, Butter, Zucker und Salz zugeben, mit Handrührgerät mit Rührbesen in 2—3 Minuten zu einem Teig verrühren und etwa 30 Minuten ruhen lassen.

4. Schnittlauch abspülen, trocken tupfen, fein schneiden und mit dem Käse unter den Waffelteig heben. Waffeln in einem gefetteten Waffeleisen backen.

5. Halloumi aus der Packung nehmen und in etwa 2 cm große Stücke schneiden. Paprika vierteln, entstielen, entkernen und die weißen Scheidewände entfernen. Schote waschen, abtropfen lassen und in etwa 2 cm große Stücke schneiden. Zwiebeln abziehen, vierteln und aufblättern.

6. Auf Spieße im unteren Drittel abwechselnd Halloumi, Zwiebeln und Paprika stecken.

7. Das Öl in einem Fondue-Topf auf 150—160 °C erhitzen, die Käsespieße darin goldbraun frittieren, mit Avocado-Dip, Chili-Dip und Käsewaffeln servieren.

Tipp: Halloumi ist eine Käsespezialität aus Zypern. Dieser Käse ist sehr würzig und behält beim Erhitzen seine Form.

Schweizer Fondue

4 Portionen
Zubereitungszeit: etwa 20 Minuten
Pro Portion: E: 39 g, F: 52 g, Kh: 1 g, kJ: 2726, kcal: 651

Zutaten:

3	Eigelb
125 g	Schlagsahne
125 ml (⅛ l)	Weißwein
500 g	Emmentaler
	Salz
	frisch gemahlener Pfeffer
	geriebene Muskatnuss

Zubereitung:

1. Eigelb mit Sahne und Wein verschlagen, in einem Fondue-Topf auf der Kochstelle zum Kochen bringen.

2. Emmentaler grob raspeln, nach und nach hinzufügen und unter ständigem, kräftigem Rühren köcheln lassen, bis eine einheitliche Masse entstanden ist. Mit Salz, Pfeffer und Muskat abschmecken. Den Fondue-Topf auf dem Rechaud weiterköcheln lassen.

Beilage: Geröstete Weißbrotwürfel, kleine heiße Pellkartoffeln, Feldsalat mit Balsamico-Kräuter-Sauce, Weintrauben, mit Zitronensaft beträufelte Bananenscheiben und Birnenstücke.

Feldsalat mit Balsamico-Kräuter-Sauce

4 Portionen
Zubereitungszeit: etwa 25 Minuten
Pro Portion: E: 3 g, F: 13 g, Kh: 5 g, kJ: 646, kcal: 154

Zutaten:

250 g	Feldsalat
2 Scheiben	Weißbrot (je 20 g)
20 g	Butter
1	hart gekochtes Ei

Für die Sauce:

1 EL	Essig, z. B. Balsamico- oder Sherryessig
	Salz, Pfeffer, Zucker
3 EL	Speiseöl, z. B. Walnussöl
1 EL	gehackte Kräuter, z. B. Petersilie, Schnittlauch

Zubereitung:

1. Von dem Feldsalat die Wurzelenden so abschneiden, dass die Blattrosetten noch zusammenhalten. Schlechte Blätter entfernen, den Salat gründlich waschen und trocken schleudern.

2. Weißbrot entrinden und in kleine Würfel schneiden. Butter in einer Pfanne zerlassen, die Brotwürfel darin bei mittlerer Hitze braun und knusprig braten. Ei pellen und fein hacken.

3. Für die Sauce Essig mit Salz, Pfeffer und Zucker verrühren. Öl unterschlagen. Kräuter unterrühren. Den Salat kurz vor dem Servieren mit der Sauce vermengen. Weißbrotwürfel und gehacktes Ei darüber streuen.

Curry-Käse-Fondue

4 Portionen
Zubereitungszeit: etwa 20 Minuten
Pro Portion: E: 28 g, F: 37 g, Kh: 8 g, kJ: 2120, kcal: 507

Zutaten:

300 g	Gouda-Käse
1	Zwiebel (etwa 50 g)
1 EL	Speiseöl
2 EL	Currypulver, mild
1 gestr. TL	Weizenmehl
100 ml	Weißwein
200 g	Kräuter-Schmelzkäse
100 ml	Milch
2 EL	Aprikosengeist

Zubereitung:

1. Käse auf einer Haushaltsreibe reiben. Zwiebel abziehen und in kleine Würfel schneiden.

2. Speiseöl in einem Topf erhitzen und Zwiebelwürfel darin glasig dünsten. Curry und Mehl hinzufügen und kurz mit andünsten. Weißwein unter Rühren hinzugießen. Käse und Schmelzkäse hinzugeben. Die Zutaten bei schwacher Hitze unter Rühren schmelzen lassen. Milch hinzugeben und unter Rühren zum Kochen bringen. Mit Aprikosengeist abschmecken.

3. Curryfondue in einen Fondue-Topf geben und auf einem Rechaud leicht weiter köcheln lassen.

Beilage: Gemüse, z. B. Möhren, Frühlingszwiebeln, Staudensellerie und Champignons, Brotwürfel, Hackbällchen.

Hackbällchen

4 Portionen
Zubereitungszeit: etwa 30 Minuten
Pro Portion: E: 19 g, F: 19 g, Kh: 5 g, kJ: 1092, kcal: 261

Zutaten:

1 Scheibe	Toastbrot
1	Knoblauchzehe
350 g	Gehacktes (halb Rind-, halb Schweinefleisch)
1 Ei	(Größe M)
1 EL	Tomatenketchup
	Salz
	frisch gemahlener Pfeffer
3 EL	Rapsöl

Zubereitung:

1. Toastbrot in kaltem Wasser einweichen. Knoblauch abziehen und durch eine Knoblauchpresse drücken.

2. Gehacktes in eine Schüssel geben. Ausgedrücktes Toastbrot, Knoblauch, Ei und Ketchup hinzufügen. Die Zutaten gut vermengen. Mit Salz und Pfeffer würzen.

3. Aus dem Hackfleischteig mit angefeuchteten Händen etwa 20 kleine Bällchen formen. Rapsöl in einer Pfanne erhitzen und die Fleischbällchen von allen Seiten etwa 10 Minuten darin braten.

Käse-Pesto-Fondue

4 Portionen
Zubereitungszeit: etwa 15 Minuten
Pro Portion: E: 21 g, F: 49 g, Kh: 9 g, kJ: 2456, kcal: 587

Zutaten:

200 g	Mozzarella
3	Knoblauchzehen
150 ml	Weißwein
2 Pck. (je 200 g)	Schmelzkäse, z. B. Sahne-Schmelzkäse
90 g	Pesto aus dem Glas

Zubereitung:

1. Mozzarella in kleine Würfel schneiden. Knoblauch abziehen und fein würfeln. Weißwein mit Knoblauch in einem Topf zum Kochen bringen. Mozzarella hinzufügen und unter Rühren so lange darin erhitzen, bis der Käse geschmolzen ist.

2. Schmelzkäse ebenfalls unterrühren und unter Rühren so lange erhitzen, bis eine sämige Masse entstanden ist. Pesto hinzugeben und unter Rühren etwa 10 Minuten leicht kochen lassen.

3. Die Käsemasse in einen Fondue-Topf geben und auf einem Rechaud weiter köcheln lassen.

Beilage: Brot, Baguette, Ciabattabrotwürfel, gegarte Brokkoliröschen, Zucchinischeiben und Salbeischnitzel.

Salbeischnitzel

4 Portionen
Zubereitungszeit: etwa 20 Minuten, ohne Abkühlzeit
Pro Portion: E: 30 g, F: 3 g, Kh: 0 g, kJ: 619, kcal: 148

Zutaten:

12	kleine Salbeiblättchen
1	Eiweiß
12	dünne Putenschnitzel (je 40 g)
	Salz
	frisch gemahlener Pfeffer
3 EL	Speiseöl

Zubereitung:

1. Salbeiblättchen abspülen und trocken tupfen. Eiweiß verschlagen. Schnitzel unter fließendem kalten Wasser abspülen und trocken tupfen. Schnitzel mit Eiweiß bestreichen und mit Salz und Pfeffer bestreuen. Auf jedes Schnitzel ein Salbeiblättchen legen, Schnitzel zur Hälfte zusammenklappen und andrücken.

2. Speiseöl in einer Pfanne erhitzen. Schnitzel darin von beiden Seiten in etwa 5 Minuten goldbraun braten. Mit Salz bestreuen und abkühlen lassen.

Tipp: Statt Putenschnitzel können Sie auch Kalbsschnitzel verwenden und je 1 Scheibe Parmaschinken hineinlegen.

Frischkäse-Curry-Fondue

4 Portionen
Zubereitungszeit: etwa 20 Minuten
Pro Portion: E: 27 g, F: 43 g, Kh: 58 g, kJ: 3063, kcal: 731

Zutaten:

80 g	Butter
60 g	Weizenmehl
3–4 EL	Currypulver
1 l	Hühnerbrühe
300 g	Doppelrahm-Frischkäse
	Cayennepfeffer
	gemahlener Kreuz-
	kümmel (Cumin)
2–3 TL	Zitronensaft
	Salz
	frisch gemahlener
	Pfeffer

Zubereitung:

1. Butter in einem Topf zerlassen. Mehl unter Rühren darin erhitzen, bis es hellgelb ist. Curry kurz mit andünsten. Brühe nach und nach hinzugießen, mit einem Schneebesen durchschlagen, darauf achten, dass keine Klümpchen entstehen. Die Sauce bei schwacher Hitze unter gelegentlichem Rühren etwa 10 Minuten kochen lassen. Frischkäse unterrühren. Mit Cayennepfeffer, Kreuzkümmel, Zitronensaft, Salz und Pfeffer würzen.

2. Curryfondue in einen Fondue-Topf füllen und auf dem Rechaud köcheln lassen.

Zum Dippen: Je 300 g blanchierte Blumenkohl- und Brokkoliröschen, 300 g blanchierte Fenchelspalten, 100 g blanchierte Dicke Bohnen, 200 g blanchierte Möhrenscheiben und 200 g Weißbrotwürfel.

Beilage: Kartoffelbällchen, marinierte Rettichscheiben, Spinatsalat (Rezept Seite 10) und Blattsalate.

Kartoffelbällchen

4 Portionen
Zubereitungszeit: etwa 40 Minuten, ohne Quellzeit
Pro Portion: E: 4 g, F: 2 g, Kh: 24 g, kJ: 553, kcal: 131

Zutaten:

15 g	Röstzwiebeln
½ Pck.	rohe Klöße
	(8 Stück, etwa 120 g)
250 ml (¼ l)	kaltes Wasser
4 Stängel	Koriander oder glatte
	Petersilie
50 g	Nordsee-Krabbenfleisch
	Salz

Zubereitung:

1. Röstzwiebeln etwas zerdrücken. Kartoffelpulver mit dem Wasser nach Packungsanleitung anrühren. Röstzwiebeln unterrühren und 10 Minuten quellen lassen.

2. Koriander oder Petersilie abspülen und trocken tupfen. Die Blättchen von den Stängeln zupfen. Blättchen grob hacken und mit dem Krabbenfleisch mischen.

3. Aus dem Kartoffelteig mit angefeuchteten Händen 12 kleine Klöße formen, dabei jeden Kloß mit einem Teil der Krabbenmischung füllen.

4. Kartoffelbällchen in reichlich siedendem Salzwasser 15 Minuten gar ziehen lassen. Herausnehmen und abtropfen lassen.

Feta-Ricotta-Fondue

4 Portionen
Zubereitungszeit: etwa 20 Minuten
Pro Portion: E: 29 g, F: 31 g, Kh: 41 g, kJ: 2424, kcal: 578

Zutaten:

250 g	Fetakäse
1 Bund	gemischte Kräuter (z. B. Salbei, Petersilie, Majoran)
100 ml	Weißwein
200 g	Kräuter-Schmelzkäse
200 g	Ricotta (italienischer Frischkäse)
1 TL	Speisestärke
1	Ciabattabrot

Zubereitung:

1. Fetakäse auf einer Haushaltsreibe fein reiben. Kräuter abspülen und trocken tupfen. Die Blättchen von den Stängeln zupfen und fein hacken.

2. Fetakäse und Wein in einem Topf unter Rühren erhitzen. Schmelzkäse und Ricotta hinzugeben, unter Rühren kurz aufkochen lassen, bis der Käse geschmolzen ist. Speisestärke mit etwas Wasser anrühren, zur Käsemasse geben und unter Rühren kurz aufkochen lassen. Kräuter unterrühren.

3. Käsemasse in einen Caquelon (Keramik-Fonduetopf) geben und auf dem Rechaud leicht köcheln lassen.

4. Ciabatta in Würfel schneiden, auf Fonduegabeln stecken und in die Fondue-Käsemasse tauchen.

Tomatenschüssel

4 Portionen
Zubereitungszeit: etwa 30 Minuten
Pro Portion: E: 12 g, F: 13 g, Kh: 11 g, kJ: 918, kcal: 218

Zutaten:

750 g	Tomaten
1	Gemüsezwiebel
	Für die Salatsauce:
2	Knoblauchzehen
2	hart gekochte Eier
3–4 EL	Balsamico-Essig
1 EL	Zucker
	Salz, Pfeffer
½ TL	gerebelter Oregano
3 EL	Olivenöl
125 g	gewürfelter Schinkenspeck
2–3 EL	gehackte Basilikumblättchen

Zubereitung:

1. Tomaten abspülen, kreuzweise einschneiden und kurz in kochendes Wasser legen. Tomaten mit kaltem Wasser abschrecken, enthäuten, halbieren, entkernen und die Stängelansätze herausschneiden. Tomaten in Scheiben schneiden.

2. Zwiebel abziehen, zuerst in sehr dünne Scheiben schneiden, dann in Ringe teilen. Tomatenscheiben und Zwiebelringe in eine Schüssel geben.

3. Für die Sauce Knoblauch abziehen und in kleine Würfel schneiden. Eier schälen, Eiweiß in Würfel schneiden und beiseitestellen. Eigelb durch ein Sieb streichen. Essig mit Zucker, Salz, Pfeffer und Oregano verrühren. Olivenöl unterschlagen. Knoblauchwürfel und das durchgestrichene Eigelb unterrühren. Die Sauce auf die Salatzutaten geben.

4. Die Schinkenspeckwürfel in einer Pfanne knusprig braun braten. Speckwürfel und die beiseitegestellten Eiweißwürfel unter den Salat mischen. Den Salat mit Basilikum bestreut servieren.

Cajun-Fondue

4 Portionen
Zubereitungszeit: etwa 25 Minuten
Pro Portion: E: 31 g, F: 47 g, Kh: 12 g, kJ: 2583, kcal: 617

Zutaten:

500 g	Brokkoli
500 g	Blumenkohl
	Wasser
	Salz
300 g	Cheddar-Käse in Scheiben
300 g	Sahne-Schmelzkäse
etwa 150 ml	Bier (Pils)
1 TL	Kreuzkümmel (Cumin)
1 TL	Paprikapulver edelsüß
	Salz
	frisch gemahlener Pfeffer
1 TL	Knoblauchpulver oder 1 frische Knoblauchzehe

Zubereitung:

1. Von Brokkoli und Blumenkohl die Blätter und schlechten Stellen entfernen. Vom Blumenkohl den Strunk abschneiden. Brokkoli und Blumenkohl in Röschen teilen, waschen und abtropfen lassen.

2. Wasser mit Salz in einem Topf zum Kochen bringen. Brokkoli- und Blumenkohlröschen hinzugeben, zum Kochen bringen und etwa 4 Minuten garen. Anschließend auf ein Sieb geben, mit kaltem Wasser übergießen und abtropfen lassen.

3. Cheddar-Käse, Schmelzkäse und Bier in einem Topf unter Rühren aufkochen. Mit Kreuzkümmel, Paprika, Salz, Pfeffer und Knoblauch (frischen Knoblauch abziehen und durch eine Knoblauchpresse drücken) würzen.

4. Die Käsemasse in einen Fondue-Topf füllen und auf dem Rechaud köcheln lassen, immer wieder umrühren. Brokkoli- und Blumenkohlröschen auf Fonduegabeln stecken und in die Fondue-Käsemasse tauchen.

Tipp: Folgende Gemüsesorten können auch verwendet werden: 500 g dünne Möhren, 500 g kleine Zucchini oder 500 g Paprika. Möhren in etwa 2^1/$_2$ cm lange Stücke, Zucchini in 1^1/$_2$ cm dicke Scheiben und Paprika in 2 cm große Stücke schneiden. Möhren wie oben vorgaren, Zucchini und Paprika nur 1^1/$_2$–2 Minuten.

Kartoffelecken

4 Portionen
Zubereitungszeit: etwa 10 Minuten
Pro Portion: E: 8 g, F: 13 g, Kh: 56 g, kJ: 1577, kcal: 376

Zutaten:

1,5 kg	mittelgroße, festkochende Kartoffeln
1 Stängel	Rosmarin oder Thymian
1 EL	grobes Meersalz
	frisch gemahlener Pfeffer
5 EL	Speiseöl

Zubereitung:

1. Den Backofen vorheizen.
Ober-/Unterhitze: etwa 200 °C
Heißluft: etwa 180 °C

2. Kartoffeln gründlich waschen, abtrocknen und längs halbieren oder vierteln. Rosmarin oder Thymian abspülen, trocken tupfen, Nadeln oder Blättchen abzupfen und mit Kartoffeln, Meersalz, Pfeffer und Öl in einer Schüssel vermengen.

3. Die Kartoffeln auf einem Backblech (mit Backpapier belegt) verteilen und in den vorgeheizten Backofen schieben.
Garzeit: 30–40 Minuten.

Sahne-Karamell-Fondue

4 Portionen
Zubereitungszeit: etwa 15 Minuten
Pro Portion: E: 13 g, F: 30 g, Kh: 80 g, kJ: 2796, kcal: 667

Zutaten:

450 ml	Milch
1 Dose (400 g)	gezuckerte Kondensmilch
200 g	Schlagsahne
300 g	weiche Sahne-Karamell-Bonbons (z. B. Kuhbonbons)
30 g	Speisestärke

Zubereitung:

1. Milch, Kondensmilch und 100 g Sahne zum Kochen bringen. Bonbons hinzugeben und unter Rühren schmelzen.

2. Speisestärke mit der restlichen Sahne anrühren und in die kochende Bonbonmischung rühren, unter Rühren kurz aufkochen lassen. Die Masse in einen Fondue-Topf geben und auf dem Rechaud leicht köcheln lassen.

Beilage: 100 g kleine Kokosmakronen, 8 Herz-Eiswaffeln, 100 g Sandkuchen, in Würfel geschnitten, 100 g Frühstückswaffeln, 4 Scheiben Zwieback, geviertelt, Nougatecken.

Nougatecken

4 Portionen
Zubereitungszeit: etwa 30 Minuten, ohne Kühlzeit
Pro Portion: E: 7 g, F: 18 g, Kh: 56 g, kJ: 1774, kcal: 424

Zutaten:

40 g	gehobelte Haselnusskerne
150 g	Nougat
50 g	Zartbitter-Kuvertüre
1	dunkler Biskuitboden (vom Konditor, etwa 130 g)

Zubereitung:

1. Haselnusskerne in einer Pfanne ohne Fett goldbraun rösten, herausnehmen und abkühlen lassen. Nougat nach Packungsanleitung schmelzen. Kuvertüre hacken, in einer kleinen Schüssel im Wasserbad schmelzen.

2. Biskuitboden zerbröseln, in einer Schüssel mit Nougat und Kuvertüre zu einer glatten Masse verarbeiten. Die Hälfte der Haselnusskerne auf ein Stück Backpapier streuen. Biskuit-Nougat-Masse darauf geben, zu einem Rechteck (etwa 15 x 10 cm) verstreichen und restliche Haselnusskerne darauf streuen, leicht andrücken. Etwa 1 Stunde kalt stellen. Nougat-Rechteck längs halbieren und in Dreiecke schneiden.

Weißes Schokoladen-Fondue

4 Portionen
Zubereitungszeit: etwa 15 Minuten
Pro Portion: E: 5 g, F: 38 g, Kh: 66 g, kJ: 2721, kcal: 650

Zutaten:

300 g	weiße Schokolade
500 ml (½ l)	Maracuja-Nektar
200 g	Schlagsahne
25 g	Speisestärke

Zubereitung:

1. Schokolade in Stücke brechen. Maracuja-Nektar, Schokolade und 100 g Sahne unter Rühren in einem Topf auf der Kochstelle erhitzen, bis die Schokolade geschmolzen ist.

2. Speisestärke mit der restlichen Sahne verrühren, in die kochende Schokoladen-Nektar-Masse geben und unter Rühren kurz aufkochen lassen. Die Masse in einen Fondue-Topf füllen und auf dem Rechaud leicht weiter köcheln lassen.

Beilage: Kokos-Mandel-Konfekt, 2 Berliner, in Stücke geschnitten, Eisfächer, Biskuitspieße, 100 g Cigarettes russes, 1 Mango, geschält und in Würfel geschnitten, je 8 Mini-Äpfel und Birnen (aus der Dose) und 250 g Erdbeeren, Kirschkompott.

Eisfächer

4 Portionen
Zubereitungszeit: etwa 10 Minuten, ohne Trockenzeit
Pro Portion: E: 4 g, F: 9 g, Kh: 43 g, kJ: 1120, kcal: 267

Zutaten:

1 EL	Johannisbeergelee
12	herzförmige Eiswaffeln

Zubereitung:

1. Johannisbeergelee in einem kleinen Topf erhitzen, dabei glatt rühren.

2. Die Hälfte der Eiswaffeln mit Gelee bestreichen, übrige Waffeln darauflegen und Gelee trocknen lassen.

Biskuitspieße

4 Portionen
Zubereitungszeit: etwa 10 Minuten
Pro Portion: E: 1 g, F: 1 g, Kh: 13 g, kJ: 326, kcal: 78

Zutaten:

75 g	fertiger Biskuitboden
2 EL	Orangenlikör oder Orangensaft

Zubereitung:

1. Biskuitboden in Streifen (etwa 3 x 1 cm) schneiden. Je 2 Biskuitstreifen auf einen Holzspieß stecken.

2. Biskuitspieße mit Orangenlikör oder -saft beträufeln.

Schoko-Minz-Fondue

4 Portionen
Zubereitungszeit: etwa 15 Minuten
Pro Portion: E: 8 g, F: 37 g, Kh: 74 g, kJ: 2853, kcal: 424681

Zutaten:

120 g	Zartbitter-Schokolade
250 g	heller Speisesirup
300 g	Schlagsahne
500 ml (½ l)	Milch
30 g	Speisestärke
einige Tropfen	Pfefferminzöl
	(aus der Apotheke)

Zubereitung:

1. Schokolade in Stücke brechen. Sirup, Sahne und 300 ml Milch aufkochen lassen, Schokoladenstückchen hinzugeben und unter Rühren darin auflösen.

2. Übrige Milch und Speisestärke verrühren. In die kochende Sirupmischung rühren und kurz köcheln lassen. Fondue mit Minzöl abschmecken.

Beilage: Mini-Johannisbeer-Küchlein, 1 Pck. TK-Mini-Windbeutel mit Schoko-Creme (200 g), 50 g zartes Orangengebäck, 8 Herz-Eiswaffeln, 1 Sternfrucht (Karambole), in Scheiben, 75 g Kapstachelbeeren (Physalis), je 150 g grüne und blaue Weintrauben, 250 g Erdbeeren.

Mini-Johannisbeer-Küchlein

4 Portionen
Zubereitungszeit: etwa 35 Minuten
Pro Portion: E: 6 g, F: 16 g, Kh: 11 g, kJ: 926, kcal: 221

Zutaten:

2	Eier (Größe M)
50 ml	Milch
50 g	Weizenmehl
1 Prise	Salz
50 g	frische oder tiefgekühlte rote Johannisbeeren
4 EL	Speiseöl

Zubereitung:

1. Eier trennen. Eigelb, Milch, Mehl und Salz verquirlen. Frische Johannisbeeren waschen, trocken tupfen und von den Rispen streifen.

2. Eiweiß steifschlagen und mit einem Schneebesen unter den Teig heben. 2 Esslöffel Öl in einer beschichteten Pfanne erhitzen. Für jedes Küchlein 1 Esslöffel Teig hineingeben und die Hälfte der Johannisbeeren darauf streuen und zugedeckt bei mittlerer Hitze von jeder Seite etwa 3 Minuten goldbraun backen. Aus dem restlichen Teig wie beschrieben weitere Küchlein backen.

Schokoladen-Obst-Fondue

6 Portionen
Zubereitungszeit: etwa 40 Minuten
Pro Portion: E: 11 g, F: 57 g, Kh: 40 g, kJ: 3046, kcal: 728

Zutaten:

500 g	Schlagsahne
300 g	Edel-Kuvertüre (70% Kakao) oder Halbbitter-Kuvertüre gemahlener Zimt
600–800 g	frisches Obst z. B. Apfel, Kiwi, Karambole, Erdbeeren, Physalis, Weintrauben, Bananenstücke
50 g	gehackte Pistazien
50 g	gehackte Mandeln
50 g	Haselnusskrokant

Zubereitung:

1. Sahne aufkochen, von der Kochstelle nehmen und gehackte Kuvertüre darin auflösen, mit Zimt abschmecken. Schokosauce in einem Fondue-Topf warm halten.

2. Obst schälen oder waschen, trocken tupfen und in mundgerechte Stücke schneiden.

3. Obst auf Fonduegabeln spießen, in die Schokolade tauchen und nach Geschmack mit Pistazien, Mandeln oder Krokant überstreuen.

Tipp: Kindern das Schokoladen-Obst-Fondue mit bunten Zuckerstreuseln anbieten. Für Erwachsene die Schokolade mit Grand Marnier, Rum oder Weinbrand abrunden.

Beilage: 200 g Butterkekse, 150 g Sandkuchen, in Würfel geschnitten, Weißbrot, Waffeln, Löffelbiskuits, Bananen-Baiser-Spieße.

Bananen-Baiser-Spieße

4 Portionen
Zubereitungszeit: etwa 10 Minuten
Pro Portion: E: 2 g, F: 0 g, Kh: 28 g, kJ: 518, kcal: 124

Zutaten:

1	Banane (etwa 200 g)
1 EL	Zitronensaft
100 g	Mini-Baisers
8	kleine Holzspieße

Zubereitung:

1. Banane schälen, in 8 gleich große Stücke schneiden und mit Zitronensaft beträufeln.

2. Je 2 Baiser und 1 Bananenstück auf einen Spieß stecken.

Kokosfondue

4 Portionen
Zubereitungszeit: etwa 15 Minuten
Pro Portion: E: 1 g, F: 13 g, Kh: 29 g, kJ: 1129, kcal: 270

Zutaten:

1 Dose	Kokosmilch (400 ml)
3–4 EL	Zucker
350 ml	Wasser
30 g	Speisestärke
5 EL	Wasser
2 EL	Kokosraspel
8 EL	Schlagsahne
3–4 EL	Kokoslikör

Zubereitung:

1. Kokosmilch, Zucker und Wasser aufkochen. Stärke und Wasser (5 Esslöffel) verrühren, in die kochende Kokosmilch rühren und unter Rühren aufkochen lassen.

2. Kokosraspel und Sahne dazugeben und unter Rühren kurz aufkochen lassen. Mit Kokoslikör abschmecken.

Beilage: ½ Pck. Mini-Windbeutel (12 Stück) mit Vanillegeschmack, 1 Pck. gefüllte Orangenkekse, 3 geviertelte Frühstückswaffeln (100 g), Blätterteig-Zimt-Streifen, 2 Milchbrötchen, in Scheiben geschnitten, je 100 g grüne und blaue Weintrauben, 250 g geviertelte Pflaumen, 1 Sternfrucht (Karambole), in Scheiben geschnitten, 2 Papayas, geschält, entkernt und in Scheiben geschnitten, 250 g Cantaloupe-Melone, entkernt und in Spalten geschnitten.

Blätterteig-Zimt-Streifen

4 Portionen
Zubereitungszeit: etwa 25 Minuten, ohne Auftauzeit
Pro Portion: E: 4 g, F: 17 g, Kh: 29 g, kJ: 1219, kcal: 292

Zutaten:

½ Pck. (225 g, 3 Scheiben)	TK-Blätterteig
1 EL	gemahlener Zimt
1 EL	Zucker
1	Eigelb (Größe M)
1 EL	Milch
etwas	Weizenmehl

Zubereitung:

1. Teigplatten zugedeckt nebeneinander nach Packungsanleitung auftauen lassen. Zimt und Zucker mischen, Eigelb und Milch verquirlen. Den Backofen vorheizen.
Ober-/Unterhitze: etwa 200 °C
Heißluft: etwa 180 °C

2. Teigplatten auf der bemehlten Arbeitsfläche aufeinander legen und zu einem Quadrat (etwa 24 x 24 cm) ausrollen. Teig 5 Minuten ruhen lassen und mit einer Gabel mehrfach einstechen.

3. Teigkanten rundherum gerade schneiden. Teig mit Eigelb-Milch bestreichen und mit Zimt-Zucker bestreuen. Aus dem Teig 24 Streifen (etwa 3 x 8 cm) schneiden und auf ein Backblech (mit Backpapier belegt) legen. Das Backblech in den vorgeheizten Backofen schieben.
Backzeit: 12–18 Minuten.

Mariniertes Hähnchen-Raclette

4 Portionen
Vorbereitungszeit: etwa 30 Minuten
Pro Portion: E: 58 g, F: 32 g, Kh: 7 g, kJ: 2386, kcal: 571

Zutaten:

600 g	Hähnchenbrustfilet
2	Knoblauchzehen
2	rote Zwiebeln (etwa 100 g)
3 EL	Olivenöl
2 TL	Currypulver
1 TL	Fenchelsamen
120 g	Kochschinken
200 g	Gouda, in Scheiben

Für den Limetten-Joghurt-Dip:

250 g	Vollmilchjoghurt
100 g	Schlagsahne
1–2	Limetten
	Salz, Zucker, Pfeffer
1 Bund	Schnittlauch

Zubereitung:

1. Hähnchenbrust unter fließendem kalten Wasser abspülen, trocken tupfen und in etwa 1 cm große Würfel schneiden. Knoblauch und Zwiebeln abziehen, in kleine Würfel schneiden und zu den Hähnchenwürfeln geben. Hähnchen mit Olivenöl, Curry und Fenchel mischen und etwa 1 Stunde marinieren lassen.

2. Für den Dip Joghurt mit Sahne verrühren. 1 Limette heiß abwaschen, abtrocknen und die Schale abreiben. Limette auspressen und Schale und Saft unter die Joghurtsahne rühren, mit Salz, Zucker und Pfeffer würzen. Evtl. die zweite Limette auspressen und den Saft unterrühren. Schnittlauch abspülen, trocken tupfen, in feine Röllchen schneiden und zugeben.

3. Kochschinken in Streifen schneiden, Gouda entrinden und in etwa 1 cm breite Streifen zerteilen. Marinierte Hähnchenstücke in Raclette-Pfännchen geben, mit Kochschinkenstreifen bestreuen, mit Gouda abdecken und 15–20 Minuten grillen.

Beilage: Laugenbrezel oder Baguette und Spargelsalat.

Lauwarmer Spargelsalat

4 Portionen
Zubereitungszeit: 40 Minuten, ohne Durchziehzeit
Pro Portion: E: 3 g, F: 5 g, Kh: 18 g, kJ: 568, kcal: 136

Zutaten:

400 g	grüner Spargel
400 g	weißer Spargel
375 ml (⅜ l)	Wasser
1 gestr. TL	Salz
20 g	Butter
etwas	Zucker

Für die Marinade:

6 EL	Kräuteressig
4 EL	Zucker
1 TL	Salz
2 EL	Olivenöl

Zubereitung:

1. Vom grünen Spargel das untere Drittel schälen und die unteren Enden abschneiden. Den weißen Spargel von oben nach unten schälen, darauf achten, dass die Schalen vollständig entfernt, die Köpfe aber nicht verletzt werden. Die unteren Enden abschneiden (holzige Stellen vollkommen entfernen). Grünen und weißen Spargel in 3–5 cm lange Stücke schneiden, abspülen und abtropfen lassen.

2. Wasser mit Salz, Butter und Zucker zum Kochen bringen. Zuerst die weißen Spargelstücke hinzufügen, zum Kochen bringen und zugedeckt etwa 5 Minuten kochen lassen. Dann die grünen Spargelstücke hinzugeben, wieder zum Kochen bringen. Die Spargelstücke in weiteren etwa 5 Minuten bissfest kochen. Dann die Spargelstücke abtropfen lassen und warm stellen.

3. Für die Marinade Essig, Zucker und Salz in einem kleinen Topf zum Kochen bringen. Den Topf von der Kochstelle nehmen und Olivenöl unterrühren. Die Spargelstücke mit der Marinade vermischen. Salat etwa 15 Minuten durchziehen lassen.

Truthahn-Raclette

4 Portionen
Zubereitungszeit: etwa 40 Minuten
Pro Portion: E: 53 g, F: 21 g, Kh: 24 g, kJ: 2118, kcal: 507

Zutaten:

600 g	Truthahnschnitzel
2	Zwiebeln
1	rote Paprikaschote
4 EL	Satay Sauce (aus dem Glas, 290 g) oder Erdnuss-Sauce
3 EL	Sojasauce
3 EL	Orangenmarmelade
150 g	Joghurt (3,5 % Fett)
250 g	Halloumi

Zubereitung:

1. Truthahnschnitzel unter fließendem kalten Wasser abspülen, trocken tupfen und in etwa 1 cm große Würfel schneiden. Zwiebeln abziehen und in feine Würfel schneiden. Paprika vierteln, entstielen, entkernen und die weißen Scheidewände entfernen. Schote waschen, abtropfen lassen und in kleine Würfel schneiden.

2. Zwiebel- und Paprikawürfel, Satay Sauce, Sojasauce, Orangenmarmelade und Joghurt mit dem Fleisch vermischen. Halloumi in kleine Würfel schneiden. Fleischmischung in Raclette-Pfännchen füllen, mit Halloumi überstreuen und etwa 15 Minuten grillen.

Beilage: Duftreis und Fenchel-Orangen-Salat.

Fenchel-Orangen-Salat

4 Portionen
Zubereitungszeit: etwa 30 Minuten, ohne Durchziehzeit
Pro Portion: E: 4 g, F: 6 g, Kh: 14 g, kJ: 532, kcal: 127

Zutaten:

Für die Sauce:

1–2 EL	Weißweinessig
4 EL	Wasser
	Salz
	frisch gemahlener Pfeffer
1 Prise	Zucker
2 EL	Speiseöl, z. B. Sonnenblumen- oder Olivenöl
500 g	Fenchelknollen
3	Orangen

Zubereitung:

1. Für die Sauce Essig mit Wasser, Salz, Pfeffer und Zucker verrühren. Öl unterschlagen.

2. Von den Fenchelknollen die Stiele dicht oberhalb der Knollen abschneiden, braune Stellen und Blätter entfernen und das helle zarte Fenchelgrün zum Garnieren beiseitelegen. Die Wurzelenden gerade schneiden, die Knollen waschen, abtropfen lassen, halbieren und in dünne Streifen schneiden, mit etwas von der Sauce beträufeln und etwas durchziehen lassen.

3. Das Fenchelgrün abspülen, trocken tupfen und in kleine Zweige zupfen. Orangen so schälen, dass die weiße Haut mit entfernt wird, Orangen in dünne Scheiben schneiden und die Scheiben vierteln.

4. Die Orangenscheiben abwechselnd mit dem Fenchel in eine Salatschüssel schichten und die restliche Sauce darüber geben. Den Salat mit dem Fenchelgrün bestreuen.

Zwiebel-Blutwurst-Raclette

4 Portionen
Zubereitungszeit: etwa 30 Minuten
Pro Portion: E: 29 g, F: 53 g, Kh: 14 g, kJ: 2730, kcal: 654

Zutaten:

600 g	Zwiebeln
4 EL	Rapsöl
300 g	Äpfel
70 g	Schinkenwürfel
1 TL	Majoran
	Salz
	frisch gemahlener Pfeffer
	Paprikapulver edelsüß
400 g	Blutwurst
160 g	Emmentaler

Zubereitung:

1. Zwiebeln abziehen, halbieren und in Scheiben schneiden. In einer großen Pfanne das Öl erhitzen und die Zwiebeln darin goldbraun andünsten.

2. Äpfel schälen, vierteln, die Kerngehäuse herausschneiden und Äpfel in Würfel schneiden, zu den Zwiebelscheiben geben und kurz mit anbraten. Schinkenwürfel zugeben und mit Majoran, Salz, Pfeffer und Paprika würzen.

3. Blutwurst pellen und in etwa 1 cm große Würfel schneiden, mit unter die Zwiebeln mischen. Emmentaler in Würfel schneiden. Die Blutwurst-Zwiebel-Mischung in Raclette-Pfännchen füllen, mit Emmentaler überstreuen und etwa 10 Minuten grillen.

Beilage: Herzoginkartoffeln und Körnerbrötchen.

Herzoginkartoffeln (Pommes duchesse)

4 Portionen
Zubereitungszeit: etwa 40 Minuten, ohne Abkühlzeit
Pro Portion: E: 6 g, F: 9 g, Kh: 22 g, kJ: 814, kcal: 194

Zutaten:

750 g	mehligkochende Kartoffeln
	Salz
1	Ei (Größe M)
20 g	weiche Butter oder Margarine
	geriebene Muskatnuss
1	Eigelb
2 TL	Milch

Außerdem:
Fett für das Blech

Zubereitung:

1. Kartoffeln schälen, abspülen, ein- oder zweimal durchschneiden, mit Salzwasser bedeckt in 20–25 Minuten gar kochen. Die garen Kartoffeln abgießen, abdämpfen, sofort durch eine Kartoffelpresse geben oder mit einem Kartoffelstampfer zerdrücken und erkalten lassen.

2. Den Backofen vorheizen.
Ober-/Unterhitze: etwa 200 °C
Heißluft: etwa 180 °C

3. Die kalte Kartoffelmasse mit Ei und Butter oder Margarine verrühren und mit Salz und Muskatnuss würzen. Die Masse in einen Spritzbeutel mit großer Sterntülle füllen und in Form von Tuffs auf ein gefettetes Backblech spritzen.

4. Eigelb mit Milch verschlagen und die Tuffs damit bestreichen. Das Backblech in den vorgeheizten Backofen schieben.
Backzeit: etwa 12 Minuten.

Westfälisches Raclette

4 Portionen
Zubereitungszeit: etwa 30 Minuten, ohne Marinierzeit
Pro Portion: E: 63 g, F: 56 g, Kh: 7 g, kJ: 3252, kcal: 781

Zutaten:

800 g	Schweinenacken
3	Zwiebeln (etwa 140 g)
250 ml (¼ l)	Käse-Sahne-Sauce (Tetra Pak)
2 EL	Senf
1 EL	Sahnemeerrettich
180 g	Rauchenden
1 Bund	Bärlauch oder Petersilie
	Salz
	frisch gemahlener Pfeffer
200 g	Ziegengouda, in Scheiben

Zubereitung:

1. Fleisch unter fließendem kalten Wasser abspülen, abtropfen lassen und trocken tupfen, in dünne Scheiben schneiden und diese in etwa 3 cm große Stücke schneiden.

2. Zwiebeln abziehen, in feine Würfel schneiden, in eine Schüssel geben und mit Käse-Sahne-Sauce, Senf und Meerrettich vermischen. Das Fleisch zugeben.

3. Rauchenden der Länge nach halbieren, in dünne Scheiben schneiden und zum Fleisch geben. Bärlauch kalt abspülen, trocken schleudern und in feine Streifen schneiden, das Fleisch damit würzen, außerdem etwas Salz und Pfeffer darüber streuen und im Kühlschrank abgedeckt 2 Stunden marinieren lassen.

4. Gouda in Streifen schneiden. Fleisch in die Pfännchen geben, darüber einen Streifen Käse legen und 13–15 Minuten grillen.

Beilage: Frische Kartoffeln, Reis oder Baguette und Weißkohlsalat.

Fruchtiger Weißkohlsalat

6 Portionen
Zubereitungszeit: etwa 40 Minuten, ohne Abkühlzeit
Pro Portion: E: 7 g, F: 22 g, Kh: 16 g, kJ: 1232, kcal: 294

Zutaten:

1 kg	Weißkohl
	Salzwasser
3–4 EL	Apfelessig
1 TL	Zucker
	Salz, Pfeffer
6–8 EL	Sonnenblumenöl
150 g	saure Sahne
2 EL	geriebener Meerrettich (aus dem Glas)
3	Äpfel
100 g	geschälte Kürbiskerne

Zubereitung:

1. Weißkohl putzen, vierteln und den Strunk herausschneiden. Kohl abspülen und abtropfen lassen. Kohl so fein wie möglich hobeln oder in feine Streifen schneiden.

2. Salzwasser in einem Topf zum Kochen bringen und die Weißkohlstreifen darin etwa 1 Minute blanchieren. Dann die Kohlstreifen auf ein Sieb geben, mit kaltem Wasser abschrecken, gut abtropfen und erkalten lassen.

3. Essig mit Zucker, Salz und Pfeffer verrühren. Öl unterschlagen. Saure Sahne und Meerrettich unterrühren.

4. Äpfel abspülen, abtrocknen, vierteln, entkernen, würfeln und sofort in die Sauce geben, damit sie sich nicht verfärben. Alles mit dem Weißkohl vermengen.

5. Kürbiskerne in einer Pfanne ohne Fett rösten und den Salat damit bestreuen.

Spätzle-Schinken-Raclette

4 Portionen
Zubereitungszeit: etwa 45 Minuten
Pro Portion: E: 43 g, F: 46 g, Kh: 55 g, kJ: 3394, kcal: 811

Zutaten:

300 g	Spätzle
150 g	Gewürzgurken
1	Zwiebel
1 EL	Rapsöl
200 g	Katenschinkenwürfel
200 g	Schlagsahne
1 EL	Senf
	Salz
	frisch gemahlener Pfeffer
1 Bund	Petersilie oder Dill
300 g	Emmentaler, in Scheiben

Zubereitung:

1. Spätzle nach Packungsanleitung kochen, abgießen, mit kaltem Wasser abschrecken und abtropfen lassen. Gewürzgurken würfeln.

2. Zwiebel abziehen und in feine Würfel schneiden. Das Öl in einer Pfanne erhitzen und die Zwiebelwürfel darin andünsten, Schinkenwürfel kurz mit erhitzen und abkühlen lassen.

3. Spätzle in etwa 3 cm lange Stücke schneiden und mit Schinken, Gurken- und Zwiebelwürfeln, Sahne und Senf vermischen, mit Salz und Pfeffer würzen. Petersilie abspülen, trocken tupfen, Blättchen abzupfen, fein hacken und unter die Spätzlemischung heben.

4. Vom Emmentaler die Rinde abschneiden und Käse in etwa 3 cm breite Streifen schneiden. Spätzlemischung in Raclette-Pfännchen verteilen, mit Käsestreifen belegen und etwa 10 Minuten grillen.

Tipp: Dazu Mixed Pickles und Schwarzwurzelsalat servieren.

Schwarzwurzelsalat

4 Portionen
Zubereitungszeit: etwa 35 Minuten, ohne Marinierzeit
Pro Portion: E: 2 g, F: 12 g, Kh: 9 g, kJ: 642, kcal: 154

Zutaten:

1 Glas	Schwarzwurzeln (Abtropfgewicht 320 g)
50 g	Feldsalat
100 g	Möhren
2	Orangen
1–2 EL	Obstessig
2 EL	Sonnenblumenöl
2–3 EL	Nussöl
	Salz
	frisch gemahlener Pfeffer
	Cayennepfeffer

Zubereitung:

1. Schwarzwurzeln auf ein Sieb geben, abspülen und abtropfen lassen. Feldsalat putzen, waschen und trocken schleudern.

2. Möhren putzen, schälen, waschen, abtropfen lassen und in sehr dünne, etwa 3 cm lange Streifen schneiden.

3. Orangen so schälen, dass die weiße Haut mit entfernt wird und Fruchtfilets zwischen den Trennhäuten herausschneiden, dabei den Saft auffangen.

4. Obstessig, 3–4 Esslöffel Orangensaft, Öl, Salz, Pfeffer und Cayennepfeffer verrühren. Schwarzwurzeln, Möhrenstreifen und Orangenfilets damit vermischen und mindestens 30 Minuten durchziehen lassen. Kurz vor dem Servieren den Salat mit Salz und Pfeffer abschmecken und auf dem Feldsalat anrichten.

Quark-Raclette

4 Portionen
Zubereitungszeit: etwa 25 Minuten
Pro Portion: E: 37 g, F: 62 g, Kh: 13 g, kJ: 3274, kcal: 782

Zutaten:

150 g	Butter
1 Bund	Schnittlauch
1 Bund	glatte Petersilie
800 g	Speisequark (40 % Fett)
	Salz, frisch gemahlener Pfeffer
½–1 TL	eingelegter grüner Pfeffer (aus dem Glas)
50 g	alter Gouda

Zum Überbacken:

150 g	blanchierte Brechbohnen
200 g	gebeizter Lachs, in dicke Scheiben geschnitten
300 g	blanchierte Kohlrabischeiben
200 g	gekochte Rote Bete, gepellt und in Scheiben geschnitten
100 g	blanchierte Zuckerschoten

Zubereitung:

1. Butter schmelzen. Schnittlauch und Petersilie abspülen und trocken schütteln. Schnittlauch in Röllchen schneiden, Petersilienblätter abzupfen und fein hacken.

2. 400 g Quark mit den Kräutern und der Hälfte der Butter verrühren. Mit Salz und Pfeffer würzen. Kühl stellen.

3. Grünen Pfeffer abspülen, abtropfen lassen und fein hacken. Restlichen Quark mit grünem Pfeffer und der restlichen Butter verrühren, mit Salz abschmecken und kühl stellen. Gouda reiben.

4. Zutaten zum Überbacken in die Raclette-Pfännchen geben. Kräuter- oder Pfefferquark darauf verteilen und mit Käse bestreuen. Die Zutaten in den Pfännchen überbacken.

Beilage: Gekochte, gepellte Kartoffeln, in Spalten geschnitten (auf der geölten Racletteplatte warm halten), Gewürzgurken und verschiedene Brotsorten.

Tipp: Die marinierten Putenbrustspieße eignen sich auch sehr gut zum Überbacken.

Marinierte Putenbrustspieße

4 Portionen
Zubereitungszeit: etwa 15 Minuten, ohne Marinierzeit
Pro Portion: E: 49 g, F: 2 g, Kh: 1 g, kJ: 955, kcal: 229

Zutaten:

1	dünnes Putenschnitzel (etwa 200 g)
2 EL	Weißwein
2 TL	mittelscharfer Senf

Zubereitung:

1. Putenschnitzel der Länge nach in 8–10 Streifen schneiden. Streifen wellenförmig auf kleine Schaschlik- oder Holzspieße stecken.

2. Weißwein und Senf verrühren. Die Fleischspieße in der Marinade wenden und kühl stellen, mindestens 1 Stunde marinieren.

3. Spieße etwas trocken tupfen, in die Pfännchen geben und mit Quark und Käse überbacken.

Pangasius-Raclette mit Provolone

4 Portionen
Zubereitungszeit: etwa 30 Minuten
Pro Portion: E: 55 g, F: 33 g, Kh: 4 g, kJ: 2273, kcal: 543

Zutaten:

450 g	TK-Blattspinat
1	Zwiebel
1	Knoblauchzehe
2 EL	Olivenöl
	Salz
	frisch gemahlener Pfeffer
350 g	Pangasius-Filet oder Tilapia-Filet
300 g	Viktoriabarsch-Filet
16	Kirschtomaten
320 g	Provolone oder Pecorino

Zubereitung:

1. Den Blattspinat auftauen. Zwiebel und Knoblauch abziehen und in feine Würfel schneiden, unter den Blattspinat heben und mit Olivenöl, Salz und Pfeffer würzen.

2. Den Fisch unter fließendem kalten Wasser abspülen, abtropfen lassen, trocken tupfen und mit Salz und Pfeffer würzen. Fischfilets in Stücke schneiden, so dass die Stücke in die Pfännchen passen. Tomaten waschen, trocken tupfen, halbieren und evtl. die Stängelansätze herausschneiden.

3. Provolone oder Pecorino reiben. Pfännchen mit etwas Spinat füllen, darauf ein Stück Fischfilet legen, dazu zwei Tomatenhälften legen und mit Käse bestreuen.

4. Die Pfännchen 12—15 Minuten grillen.

Beilage: Neue Kartoffeln, Fladenbrot oder Kräuter-Ciabatta und Tomaten-Pesto.

Tipp: Dazu passt auch der Kräuter Dip vom vegetarischen Fondue (S. 36).
Sie können den tiefgekühlten Spinat auch durch frischen Spinat (800 g) ersetzen. Den Spinat putzen, waschen, blanchieren und wie unter Punkt 1 beschrieben weiterverarbeiten.

Tomaten-Pesto

1 Glas, etwa 150 ml
Zubereitungszeit: etwa 20 Minuten – **Haltbarkeit:** gekühlt etwa 3 Wochen
Insgesamt: E: 26 g, F: 133 g, Kh: 41 g, kJ: 6140, kcal: 1467

Zutaten:

150 g	getrocknete Tomaten, in Öl
3	Knoblauchzehen
1 Bund	Basilikum
20 g	frischer Parmesan
30 g	abgezogene, gehobelte Mandeln
100 ml	kalt gepresstes Olivenöl
	Salz, frisch gemahlener Pfeffer

Zubereitung:

1. Tomaten auf einem Sieb abtropfen lassen. Knoblauch abziehen und durch eine Knoblauchpresse drücken. Basilikum abspülen und trocken tupfen. Die Blättchen von den Stängeln zupfen. Parmesan fein reiben.

2. Tomaten, Mandeln und Basilikumblättchen sehr fein hacken oder pürieren und in eine Schüssel geben. Knoblauch, Parmesan und Olivenöl untermengen. Mit Salz und Pfeffer würzen.

Tipp: Pesto in ein Schraubverschlussglas geben, mit Olivenöl bedecken und mit dem Deckel verschließen.

Tunfisch-Raclette mit Wasabi

4 Portionen
Zubereitungszeit: etwa 30 Minuten
Pro Portion: E: 43 g, F: 45 g, Kh: 9 g, kJ: 2568, kcal: 615

Zutaten:

3 Dosen	Tunfisch, naturell (je 140 g)
1	Zwiebel
1	Knoblauchzehe
150 g	Crème fraîche
3 EL	Austernsauce
	Wasabi
	Salz, frisch gemahlener Pfeffer
	China-Würzmischung
3	kleine Zucchini (etwa 500 g)
300 g	Butterkäse, in Scheiben

Zubereitung:

1. Tunfisch abtropfen lassen, in eine Schüssel geben und mit einer Gabel grob zerkleinern. Zwiebel und Knoblauch abziehen und in sehr feine Würfel schneiden, zum Tunfisch geben.

2. Tunfisch mit Crème fraîche, Austernsauce, Wasabi, Salz, Pfeffer und China-Würzmischung würzen.

3. Zucchini waschen, abtrocknen und Enden abschneiden. Zucchini auf einem Hobel der Länge nach in dünne Scheiben schneiden, in kochendem Wasser ½–1 Minute blanchieren und abtropfen lassen. Zucchinischeiben mit je einem Teelöffel Tunfischmasse belegen, aufrollen und evtl. mit einem Holzstäbchen feststecken.

4. Je drei Röllchen in ein Raclette-Pfännchen legen, mit Butterkäse belegen und 12–15 Minuten grillen.

Beilage: Blechkartoffeln mit Sesam, Ciabatta, gemischter Salat.

Tipp: Wenn Sie keinen Wasabi bekommen, verwenden Sie einfach nach Geschmack etwas Meerrettich. Sie können die Zucchini auch quer in dünne Scheiben schneiden, blanchieren und dann je 2 Zucchinischeiben mit Tunfischmasse zusammensetzen.

Blechkartoffeln mit Sesam

4 Portionen
Zubereitungszeit: etwa 60 Minuten
Pro Portion: E: 6 g, F: 25 g, Kh: 36 g, kJ: 1668, kcal: 398

Zutaten:

1,2 kg	mittelgroße festkochende Kartoffeln
5 EL	Speiseöl, z. B. Sonnenblumenöl
40 g	Butter
2 EL	Sesamsamen
	Salz

Außerdem:
Fett für das Backblech

Zubereitung:

1. Den Backofen vorheizen.
Ober-/Unterhitze: etwa 200 °C
Heißluft: etwa 180 °C

2. Kartoffeln unter fließendem kalten Wasser sehr gründlich abbürsten und trocken tupfen. Öl mit Butter erwärmen.

3. Die Kartoffeln ungeschält der Länge nach halbieren, die Schnittflächen mit der Öl-Butter-Mischung bestreichen, mit Sesam bestreuen und mit der Schnittfläche nach oben auf ein gefettetes Backblech legen. Mit dem restlichen Fett beträufeln und mit Salz bestreuen. Das Backblech in den vorgeheizten Backofen schieben.
Garzeit: etwa 40 Minuten.

Bohnen-Raclette mit Schinken

4 Portionen
Zubereitungszeit: etwa 30 Minuten
Pro Portion: E: 43 g, F: 24 g, Kh: 43 g, kJ: 1914, kcal: 564

Zutaten:

150 g	grüne Bohnen
1 Glas	Dicke Bohnen (Abtropfgewicht 660 g)
1 Dose	Kidney-Bohnen (Abtropfgewicht 400 g)
150 g	Tomaten
100 g	Schinken
80 g	Ketchup
1 TL	Bohnenkraut
	Salz
	frisch gemahlener Pfeffer
1 Bund	glatte Petersilie
400 g	Ziegenkäse-Rolle
	Paprikapulver

Zubereitung:

1. Grüne Bohnen von Stielansatz und Spitze befreien, halbieren und in kochendem, leicht gesalzenem Wasser 7–8 Minuten garen, abgießen, kalt abschrecken und abtropfen lassen.

2. Dicke Bohnen und Kidney-Bohnen abtropfen lassen. Tomaten waschen und Stängelansätze herausschneiden, Tomaten in Würfel schneiden und mit den Bohnen in einer Schüssel vermischen. Schinken in Würfel schneiden.

3. Das Gemüse mit Schinkenwürfeln, Ketchup, Bohnenkraut, Salz und Pfeffer würzen. Petersilie kalt abspülen, trocken tupfen, Blättchen von den Stängeln zupfen und fein hacken. Petersilie unter die anderen Zutaten heben. Ziegenkäse in dünne Scheiben schneiden.

4. Raclette-Pfännchen mit der Bohnenmischung füllen, mit je einer Scheibe Käse bedecken und 12–15 Minuten grillen. Je nach Geschmack mit Paprikapulver bestreuen.

Beilage: Reibekuchen und frisches Bauernbrot.

Reibekuchen

4 Portionen
Zubereitungszeit: etwa 45 Minuten
Pro Portion: E: 11 g, F: 22 g, Kh: 38 g, kJ: 1667, kcal: 398

Zutaten:

1 kg	festkochende Kartoffeln
1	Zwiebel
3	Eier
1 TL	Salz
40 g	Weizenmehl
100 ml	Speiseöl

Zubereitung:

1. Kartoffeln schälen und abspülen. Zwiebel abziehen. Kartoffeln und Zwiebel auf der Küchenreibe grob reiben. Eier, Salz und Mehl dazugeben und in einer Schüssel verrühren.

2. Etwas Öl in einer Pfanne erhitzen. Den Teig portionsweise mit einer Saucenkelle oder einem Esslöffel hineingeben, sofort flach drücken und bei mittlerer Hitze von beiden Seiten braten, bis der Rand knusprig braun ist.

3. Die fertigen Reibekuchen aus der Pfanne nehmen und auf Küchenpapier abtropfen lassen. Die Reibekuchen sofort servieren oder warm stellen. Den restlichen Teig auf die gleiche Weise braten.

Melanza-Raclette

4 Portionen
Zubereitungszeit: etwa 40 Minuten
Pro Portion: E: 21 g, F: 40 g, Kh: 9 g, kJ: 2019, kcal: 482

Zutaten:

2	Auberginen (etwa 800 g)
2	Zwiebeln
3	Knoblauchzehen
500 g	Tomaten
8 EL	Olivenöl
	Salz
	frisch gemahlener Pfeffer
1–2 TL	gerebelter Thymian
150 g	geriebener Provolone
100 g	geriebener Pecorino

Zubereitung:

1. Auberginen kalt abspülen, trocken tupfen und die Stängelansätze abschneiden. Auberginen in 2 cm große Würfel schneiden. Zwiebeln und Knoblauch abziehen und in feine Würfel schneiden. Tomaten waschen, Stängelansätze herausschneiden und Tomaten in Würfel schneiden.

2. Das Olivenöl in einer Pfanne erhitzen und die Auberginenwürfel darin rundherum braun anbraten. Zwiebel- und Knoblauchwürfel zugeben und hell anbraten. Tomaten dazugeben, nur noch kurz erhitzen und mit Salz, Pfeffer und Thymian würzen.

3. Mit dem Gemüse die Raclette-Pfännchen füllen, darüber Provolone und Pecorino streuen und in 5—10 Minuten grillen.

Beilage: Mariniertes Schweinefilet, Pizzabrötchen oder Ciabatta.

Mariniertes Schweinefilet

4 Portionen
Zubereitungszeit: etwa 40 Minuten, ohne Marinierzeit
Pro Portion: E: 33 g, F: 13 g, Kh: 1 g, kJ: 1055, kcal: 252

Zutaten:

600 g	Schweinefilet
	Salz, frisch gemahlener Pfeffer
3 EL	Speiseöl

Für die Marinade:

2 EL	Rotweinessig
1 TL	Dijon-Senf
1½ TL	rosa Pfefferbeeren
3 EL	Speiseöl
1 EL	gehackte Petersilie
1 EL	gehackter Dill
1 EL	gehackter Kerbel
1 EL	Schnittlauchröllchen
	Rotweinessig

Zubereitung:

1. Den Backofen vorheizen.
Ober-/Unterhitze: etwa 200 °C
Heißluft: etwa 180 °C

2. Schweinefilet evtl. enthäuten, kalt abspülen und trocken tupfen. Mit Salz und Pfeffer würzen. Speiseöl in einem Bräter erhitzen. Das Fleisch von allen Seiten darin anbraten, mit etwas Wasser ablöschen und den Bräter auf dem Rost in den vorgeheizten Backofen schieben.
Garzeit: etwa 10 Minuten.

3. Das Fleisch aus dem Backofen nehmen und erkalten lassen. Anschließend in etwa ½ cm dicke Scheiben schneiden und in eine flache Schale legen.

4. Für die Marinade Essig mit Senf, Bratensaft und Pfefferbeeren verrühren, mit Salz und Pfeffer würzen. Speiseöl unterschlagen. Kräuter hinzufügen. Die Marinade auf den Fleischscheiben verteilen und zugedeckt mindestens 4 Stunden marinieren. Fleischscheiben dabei gelegentlich wenden.

5. Das Kräuterfleisch nochmals mit Salz, Pfeffer und Rotweinessig abschmecken, servieren.

Ratatouille-Raclette

4 Portionen
Zubereitungszeit: etwa 40 Minuten
Pro Portion: E: 18 g, F: 30 g, Kh: 14 g, kJ: 1663, kcal: 396

Zutaten:

2	rote Paprikaschoten (etwa 400 g)
2	Zucchini (etwa 400 g)
1	kleine Aubergine (etwa 350 g)
350 g	Tomaten
6 EL	Olivenöl
1	Zwiebel
3	Knoblauchzehen
2 EL	Tomatenmark
1 EL	Kapern
	Salz, frisch gemahlener Pfeffer
	Oregano
	Thymian
300 g	Schafskäse

Zubereitung:

1. Paprika, Zucchini, Aubergine und Tomaten waschen und abtropfen lassen. Paprika vierteln, entstielen, entkernen und die weißen Scheidewände herausschneiden. Schote abspülen und in kleine Würfel schneiden.

2. Von Zucchini und Aubergine die Stängel- und Blütenansätze abschneiden und ebenfalls in kleine Würfel schneiden. Tomaten halbieren, Stängelansätze herausschneiden und Tomaten in Würfel schneiden.

3. Das Öl in einer Pfanne erhitzen. Zuerst die Auberginenwürfel rundherum darin anbraten, anschließend Zucchini- und Paprikawürfel zugeben.

4. Zwiebel und Knoblauch abziehen, in feine Würfel schneiden und kurz mit andünsten. Tomatenmark unterrühren und etwas anrösten. Tomatenwürfel zugeben, mit Kapern, Salz, Pfeffer, Oregano und Thymian würzen. Schafskäse in kleine Würfel schneiden.

5. Das Gemüse in Raclette-Pfännchen verteilen, gewürfelten Schafskäse darüber geben und 10 Minuten grillen.

Beilage: Lammschnitzel, Fladenbrot oder Focaccia.

Lammschnitzel im Kräutermantel

4 Portionen
Zubereitungszeit: etwa 30 Minuten
Pro Portion: E: 34 g, F: 20 g, Kh: 17 g, kJ: 1620, kcal: 387

Zutaten:

600 g	Lammrücken (ausgelöst, Lammlachs)
2	Knoblauchzehen
½–1 EL	getrockneter Rosmarin
100 g	Semmelbrösel
2	kleine Eier (Größe S)
2 EL	Weizenmehl
3 EL	Olivenöl

Zubereitung:

1. Lammrücken unter fließendem kalten Wasser abspülen, trocken tupfen, in 12 Scheiben schneiden, etwas flach drücken und mit Salz und Pfeffer bestreuen.

2. Knoblauch abziehen, fein hacken und mit Rosmarin und Semmelbröseln mischen. Eier in einer Schüssel verschlagen.

3. Fleischscheiben zuerst in Mehl wenden, dann durch die verschlagenen Eier ziehen, am Schüsselrand etwas abstreifen und zuletzt in der Semmelbröselmischung wenden. Panade gut andrücken. Öl erhitzen und die Schnitzel von jeder Seite 2–3 Minuten darin braten. Warm oder kalt zum Raclette reichen.

Spargel-Raclette mit Höhlenkäse und Parmesan

4 Portionen
Zubereitungszeit: etwa 40 Minuten
Pro Portion: E: 32 g, F: 39 g, Kh: 8 g, kJ: 2121, kcal: 508

Zutaten:

je 750 g	grüner und weißer Spargel
	Salz
	Zucker
30 g	Butter
300 g	Höhlenkäse, in Scheiben
75 g	geraspelter Parmesan
40 g	Pinienkerne

Zubereitung:

1. Grünen Spargel nur am unteren Drittel schälen, den weißen Spargel von oben nach unten schälen und die Enden abschneiden. Spargel in 2—3 cm lange Stücke schneiden. Den grünen Spargel in kochendem Wasser mit Salz, Zucker und 10 g Butter etwa 5 Minuten, den weißen Spargel etwa 10 Minuten kochen, abgießen.

2. Höhlenkäse in Streifen schneiden. Raclette-Pfännchen ausbuttern und Spargel in den Pfännchen verteilen. Höhlenkäse über den Spargel geben, mit Parmesan bestreuen und Pinienkerne darüber verteilen, 12—15 Minuten grillen.

Beilage: Frische Kartoffeln, Schwedische Kartoffeln oder Baguette.

Tipp: Sie können auch nur eine Sorte Spargel verwenden, dann etwa 1,5 kg.

Schwedische Kartoffeln

4 Portionen
Zubereitungszeit: etwa 20 Minuten
Pro Portion: E: 6 g, F: 13 g, Kh: 30 g, kJ: 1105, kcal: 264

Zutaten:

1 kg	festkochende Kartoffeln
50 g	zerlassene Butter
	Salz, frisch gemahlener Pfeffer
20—30 g	geriebener Parmesan

Außerdem:
Fett für die Form

Zubereitung:

1. Den Backofen vorheizen.
Ober-/Unterhitze: etwa 200 °C
Heißluft: etwa 180 °C

2. Kartoffeln schälen, abspülen und trocken tupfen. Jede Kartoffel auf einen Löffel legen und mit einem Messer bis zum Löffelrand in Abständen von etwa 3 mm quer einschneiden, dabei nicht ganz durchschneiden. Die Kartoffeln in eine gefettete Auflaufform geben, mit Butter bestreichen und mit Salz und Pfeffer bestreuen. Die Form ohne Deckel auf dem Rost in den vorgeheizten Backofen schieben.
Backzeit: etwa 40 Minuten.

3. Die Kartoffeln während des Backens ab und zu mit der Butter aus der Auflaufform bestreichen.

4. Dann Parmesan über die Kartoffeln streuen und die Kartoffeln **bei der oben angegebenen** Backofeneinstellung noch etwa 20 Minuten weiterbacken.

Tipp: Wer es mag, gibt Salbeiblättchen in die Kartoffeleinschnitte.

Kräuter-Käse-Raclette

4 Portionen
Zubereitungszeit: etwa 30 Minuten
Pro Portion: E: 38 g, F: 63 g, Kh: 4 g, kJ: 3066 kcal: 734

Zutaten:

8	Eier
200 g	Schlagsahne
150 g	Crème fraîche
150 g	Greyerzer
150 g	Emmentaler
1 großes Bund	gemischte Kräuter, z. B. Schnittlauch, Petersilie, Bärlauch, Rosmarin
	Salz
	frisch gemahlener Pfeffer
	geriebene Muskatnuss

Zubereitung:

1. Eier mit Sahne und Crème fraîche verrühren. Greyerzer und Emmentaler von der Rinde befreien und in kleine Würfel schneiden.

2. Kräuter waschen, trocken schleudern, Blätter abzupfen und fein zerschneiden, unter die Eiermasse heben, mit Salz, Pfeffer und Muskat würzen. Käsewürfel unter die Eiermasse heben.

3. Raclette-Pfännchen gut zur Hälfte mit der Eiermasse füllen und 12–15 Minuten goldbraun grillen.

Tipp: Wer mag, serviert dazu gekochten oder rohen Schinken, einen Tomaten-Basilikum-Salat und eine Kartoffel-Knoblauch-Pfanne.

Kartoffel-Knoblauch-Pfanne

4 Portionen
Zubereitungszeit: etwa 50 Minuten
Pro Portion: E: 6 g, F: 13 g, Kh: 42 g, kJ: 1306, kcal: 312

Zutaten:

1,2 kg	sehr kleine, neue Kartoffeln
1–2 Bund	Frühlingszwiebeln
5 Stängel	Thymian
5 EL	Speiseöl
10	Knoblauchzehen
	Salz
	frisch gemahlener Pfeffer

Zubereitung:

1. Kartoffeln waschen und die Schale mit einer Bürste säubern (dickere Kartoffeln halbieren oder vierteln). Frühlingszwiebeln putzen, das dunkle Grün abschneiden, die Frühlingszwiebeln abspülen und längs halbieren. Thymian abspülen, trocken tupfen und die Blättchen von den Stängeln streifen.

2. Öl in einer Pfanne erhitzen, Kartoffeln hineingeben und von allen Seiten anbraten. Die Knoblauchzehen ungeschält hinzufügen und etwa 5 Minuten mitbraten lassen.

3. Mit Salz, Pfeffer und Thymianblättchen bestreuen, evtl. etwas Wasser hinzugießen.

4. Die Frühlingszwiebeln hinzufügen. Die Kartoffel-Knoblauch-Pfanne etwa 10 Minuten garen.

Raclette mit Mascarpone und Parmesan

4 Portionen
Zubereitungszeit: etwa 10 Minuten
Pro Portion: E: 23 g, F: 66 g, Kh: 7 g, kJ: 3064, kcal: 732

Zutaten:

500 g	Mascarpone (italienischer Frischkäse) Salz
200 g	Parmesan

Zum Überbacken:
Gefüllte Weinblätter (fertig gekauft)

250 g	halbierte Kirschtomaten
250 g	Champignons
400 g	grüne und gelbe Zucchinischeiben

Zubereitung:

1. Mascarpone salzen und mit dem Schneebesen gut verrühren. Parmesan auf der groben Seite der Haushaltsreibe raspeln.

2. Nach Belieben Zutaten zum Überbacken in die Pfännchen geben. Mascarpone und Parmesan darauf verteilen und überbacken.

Beilage: Auberginenröllchen, Zaziki, Paprika-Joghurt (300 g Sahnejoghurt mit 2 EL Ajvar verrühren, mit Salz und Zucker abschmecken).

Auberginenröllchen

4 Portionen
Zubereitungszeit: etwa 30 Minuten, ohne Marinierzeit
Pro Portion: E: 5 g, F: 17 g, Kh: 3 g, kJ: 807, kcal: 193

Zutaten:

1	Aubergine (etwa 300 g) Salz
100 g	Fetakäse
½ Bund	Basilikum
4 EL	Olivenöl

Zubereitung:

1. Aubergine abspülen, abtrocknen, Stängelansatz abschneiden und Aubergine der Länge nach in etwa 12 dünne Scheiben schneiden. Scheiben mit etwas Salz bestreuen und mindestens 15 Minuten Saft ziehen lassen.

2. Käse in 12 Streifen schneiden. Basilikum kalt abspülen, trocken schütteln und Blättchen von den Stängeln zupfen.

3. Auberginenscheiben mit Küchenpapier abtupfen. Scheiben portionsweise in etwas Öl goldbraun braten und auf Küchenpapier abtropfen lassen.

4. Jede Scheibe mit einigen Basilikumblättern und 1 Stück Käse belegen und aufrollen.

Birnen-Raclette mit Brie

4 Portionen
Zubereitungszeit: etwa 15 Minuten
Pro Portion: E: 25 g, F: 52 g, Kh: 64 g, kJ: 3444, kcal: 823

Zutaten:

2 große Dosen	Williams Birnen (Abtropfgewicht 480 g)
3	Eier
4 EL	brauner Zucker
8 EL	Schlagsahne
400 g	Brie, in Scheiben geschnitten
40 g	gehackte Pistazien
3–4 Zweige	Zitronenmelisse

Zubereitung:

1. Birnen auf einem Sieb abtropfen lassen. Eier mit 1 Esslöffel braunem Zucker und Sahne verrühren.

2. Je eine Birnenhälfte schräg in 4 gleich große Scheiben schneiden, in die Raclette-Pfännchen legen und die Eiermasse gleichmäßig über die Birnen verteilen.

3. Über die Birnen etwas braunen Zucker streuen und die Birnen im heißen Raclette-Grill etwa 10 Minuten grillen.

4. Die Birnen mit je einer Scheibe Brie belegen, mit Pistazien überstreuen und nochmals für 1–2 Minuten grillen. Mit Melisseblättchen dekoriert servieren.

Beilage: Scones oder Toast.

Scones

12 Stück
Zubereitungszeit: etwa 20 Minuten
Backzeit: 20–30 Minuten
Pro Portion: E: 4 g, F: 8 g, Kh: 22 g, kJ: 743, kcal: 178

Zutaten:

Für den Knetteig:

350 g	Weizenmehl (Type 550)
4 gestr. TL	Dr. Oetker Backin
1 gestr. TL	Salz
2 gestr. TL	Zucker
200 ml	Buttermilch
100 g	weiche Butter oder Margarine

Zum Bestreichen:

1	Eigelb
1 EL	Milch

Zubereitung:

1. Für den Teig Mehl mit Backpulver, Salz und Zucker in einer Rührschüssel mischen. Restliche Zutaten hinzufügen und mit Handrührgerät mit Knethaken in etwa 5 Minuten zu einem glatten Teig verarbeiten.

2. Den Backofen vorheizen.
Ober-/Unterhitze: etwa 180 °C
Heißluft: etwa 160 °C

3. Den Teig auf der bemehlten Arbeitsfläche nochmals kurz durchkneten, zu einem Rechteck (etwa 15 x 20 cm) ausrollen und in 12 Quadrate (jeweils etwa 5 x 5 cm) schneiden. Teigquadrate auf ein Backblech (mit Backpapier belegt) legen.

4. Zum Bestreichen Eigelb und Milch verschlagen und die Teigquadrate damit bestreichen. Das Backblech in den vorgeheizten Backofen schieben.
Backzeit: 20–30 Minuten.

5. Scones vom Backpapier nehmen und auf einem Kuchenrost erkalten lassen.

Mascarpone-Raclette mit Früchten

4 Portionen
Zubereitungszeit: etwa 5 Minuten
Pro Portion: E: 8 g, F: 90 g, Kh: 10 g, kJ: 3775, kcal: 903

Zutaten:

500 g	Mascarpone (italienischer Frischkäse)
500 g	Crème fraîche

Zum Überbacken:

300 g	Sandkuchen, in Würfel geschnitten
	Orangenfilets von
3	Orangen
8	Ananasringe (aus der Dose)
4	geviertelte Feigen
150 g	Himbeeren
je 100 g	grüne und blaue Weintrauben
8	Butterkekse
8	Vollkornkekse

Zubereitung:

1. Nach Belieben Zutaten zum Überbacken in die Pfännchen geben. Mascarpone oder Crème fraîche darauf verteilen und überbacken.

Beilage: Kaiserschmarrn, Ahornsirup, gehackte Pistazien, Zimt-Zucker, Eis.

Kaiserschmarrn

4 Portionen
Zubereitungszeit: etwa 10 Minuten
Pro Portion: E: 3 g, F: 6 g, Kh: 7 g, kJ: 400, kcal: 96

Zutaten:

1 Pck.	Kaiserschmarrn (für 2–3 Portionen)
200 ml	Milch
1 EL	Butter

Zubereitung:

1. Beutelinhalt mit Milch nach Packungsanleitung zubereiten.

2. Butter in einer großen Pfanne erhitzen, Teig hineingeben und backen.

Themenregister

Alphabetisches Register

Für Fragen, Vorschläge oder Anregungen steht Ihnen der Verbraucherservice der Dr. Oetker Versuchsküche Telefon: 0 08 00 71 72 73 74 Mo.–Fr. 8:00–18:00 Uhr, Sa. 9:00–15:00 Uhr (gebührenfrei in Deutschland) oder die Mitarbeiter des Dr. Oetker Verlages Telefon: +49 (0) 521 52 06 58 Mo.–Fr. 9:00–15:00 Uhr zur Verfügung. Oder schreiben Sie uns: Dr. Oetker Verlag KG, Am Bach 11, 33602 Bielefeld oder besuchen Sie uns im Internet unter www.oetker-verlag.de oder www.oetker.de

Umwelthinweis   Dieses Buch und der Einband wurden auf chlorfrei gebleichtem Papier gedruckt. Die Einschrumpffolie – zum Schutz vor Verschmutzung – ist aus umweltfreundlichem und recyclingfähigem PE-Material.

Wir danken für die freundliche Unterstützung   WMF AG, Geislingen

Copyright   ©2008 by Dr. Oetker Verlag KG, Bielefeld

Redaktion   Jasmin Gromzik, Miriam Krampitz

Titelfoto   Fotostudio Diercks, Hamburg

Innenfotos   Ulrich Kopp, Sindelfingen (S. 21, 25, 47, 53, 55, 57, 61, 73, 89, 93) Antje Plewinski, Berlin (S. 9–19, 23, 27–33, 37, 39, 59, 63–71, 75–87, 91) Brigitte Wegner, Bielefeld (S. 35, 41, 43, 45, 49, 51)

Rezeptentwicklung   Hans-Peter Huke, Bielefeld

Rezeptberatung   Annette Elges, Bielefeld

Foodstyling   Anke Rabeler, Berlin

Nährwertberechnungen   Nutri Service, Hennef

Titelgestaltung   kontur:design, Bielefeld
Grafisches Konzept   kontur:design, Bielefeld
Gestaltung   M·D·H Haselhorst, Bielefeld

Satz   Typografika, Bielefeld
Reproduktion   Repro Ludwig, Zell am See, Österreich
Druck und Bindung   Firmengruppe APPL, aprinta druck, Wemding

ISBN 978-3-7670-0758-1